LOCUS

LOCUS

LOCUS

LOCUS

Smile, please

Smile 59 撒下黃金的種子

Self-Management Guide for the Young Generation

作者：孔炳浩
譯者：黃蘭琇
責任編輯：湯皓全
美術編輯：何萍萍
法律顧問：全理法律事務所董安丹律師
出版者：大塊文化出版股份有限公司
台北市105南京東路四段25號11樓
www.locuspublishing.com
讀者服務專線：0800-006689
TEL：(02) 87123898　FAX：(02) 87123897
郵撥帳號：18955675　戶名：大塊文化出版股份有限公司

總經銷：大和書報圖書股份有限公司
地址：台北縣五股工業區五工五路2號
TEL：(02) 8990-2588(代表號)　FAX：(02) 2290-1658
初版一刷：2005年 4月

定價：新台幣 250 元
Printed in Taiwan

撒下黃金的種子

Self-Management Guide
for the Young Generation

孔炳浩 著
黃蘭琇 譯

目次

02 我要擁有自己的藍圖

03 我想成為了不起的專家

04

我想成為真正的富翁

作者的話
寫給正準備迎接未來的10*世代

在開始著手寫這本書之前，我不斷思索該用什麼樣的字句，才能讓10世代青少年們眞正理解與吸收我想傳達的意思。於是我聯想到「挖掘自己寶藏的礦工」、「建構自己人生藍圖的建築師」以及「在自己人生畫布塗上色彩的畫家」等等各種形容與比喻的說法、語句。

我一一將這些說法記在筆記本上。我並且試著去用我兩個兒子的眼光來看待這個世界。他們現在正站在人生的起跑點上，準備去達成人生幸福與成功的夢想。他們的未來具有的無限可能，絕對是我們無法想像的程度。

10世代青少年的確是擁有無限可能的一群。隨著決心與意念的不同，他們可以攀爬上想要到達的高山。他們就像是石蕊試紙一樣，能吸收必要的知識與資訊，也會很敏感地讓自己產生變化。

我一邊傳送與接收電子郵件，同時陪伴我兩個心愛的兒子一起觀賞星期天晚上的「挑戰金鐘」（譯按：韓國兒童益智節目）節目，這節目讓我感到非常吃驚。我們的孩子們在知識方面也好、在體能方面也好，事實上，都並非大人們想像般的薄弱。他們的心智已如同一隻大碗，正不斷地接受社會上多樣的內容與資訊，同時也正在準備迎接他們的未來。因爲他們正生活在這樣的一個環境裡：只要他們願意，就能隨時使用網路、擷取他們想要的資訊。

最近我大部分的時間是去一些企業或團體進行演講。我發現到一個很奇特的現象。每當演講結束的時候，總會有人問我：「我該跟孩子們說些什麼？難道沒有適合他們未來的指引方針嗎？」

坊間雖然不乏關於教導「如何生存」的書籍，然而絕大部分是翻譯自國外的作品，不適合我國的國情，而專門針對10世代的教導方針、適合10世代使用、閱讀的書籍更是少之又少。

因此，我決定爲夢想成功的10世代年輕人們編寫一本「指引手冊」（guide book）以及「建議書」（advice book）。這本書是爲了夢想成功、具有無限可能性的你而寫的。是專爲「我想成功」、「我想做好每一件事」、「我未來想擁有卓越的工作」、「我一定要成爲富翁」……懷有無限夢想的你而量身打造的。

這本書著重於管理和經濟面上，提供能夠實際運用在現實生活的建議，是「10世代專屬的成功指引手冊」。因此，本書除了食衣住等問題之外，就業問題，甚至擴大到管理以及經濟等方面，將提供給各位更重要的實用內容。

本書一共分爲四個單元。

第一單元：世界正朝哪一個方向變化？

在未來的世界裡，你即將從事旺盛的社會活動，這將與現今的社會有著非常大的不同。針對如此巨大的變化，你一定要比別人搶先掌握住變化的趨勢、以及對自己該預先做什麼樣的準備有所認知。

第二單元：你的夢想、理想以及目標是什麼？

藉由建築屬於你自己的夢想、理想以及目標，能讓你的人生更加完整。本書將具體地指引你該如何實踐你抽象的夢想與目標。透過本書的指引學習，你將能學習到如何建立具體的計畫、管理與落實的能力。

第三單元：該如何為我的職業做好準備？

找到理想的工作方法，取決於你將現在的時間投資在未來的方法上。在由知識支配與掌管的未來世界中，要如何做才能找到最理想的職業？以及要如何去做才能成爲眞正成功的人呢？

第四單元：如何能成為真正的有錢人？

學校是一個保守的社會，因此不會教導你成爲富翁的方法。結果你已經習得的知識就是能幫助你成爲富翁的方法。

在每篇文章的最後，也特別整理了思考小筆記。透過自我思考的整理時間，能幫助你提高對文章內容的理解。你可以一個人整理你的心得，也可以和你的父母、朋友或是老師一起交換意見，相信都能更提高對你的幫助。

所以，從現在起，請敞開你的心門，把這本書當作是你生命旅程中最重要的伙伴。從這一刻起，你將踏上通往成功的康莊大道，開始歷經你從未想像過的特殊體驗。

我期盼本書能成爲你生命的契機，更期許具無限潛能的你能成爲成功傳奇中的主角。

*10世代，泛指十歲至十九歲這個年齡層的青少年。

如果是二十歲至二十九歲則稱爲20世代，以此類推。

01 我想為燦爛的未來做好準備

「就如同黎明破曉時刻，黑夜和白天固定交會的瞬間，機會和危機兩者也是在同時間相伴出現的。你可以將機會當作是你最親近的好朋友，也可以把危機視爲你的戰鬥伙伴。要如何做選擇，決定權掌握在你自己手上……」

預測未來最好的方法就是創造未來。

——個人電腦之父艾倫．凱（Allen Kay）

每顆寶石都擁有不同的光芒

你正在尋找屬於自己寶石的旅行途中。
有時候會遇到上坡路、有時候會走到下坡路。

我認爲每一位正在閱讀本書的讀者，都無法被他人評斷其價值、同時也是任何其他人所無法取代的。我無法得知你多麼會讀書、長得多英俊美麗、或是擁有多健壯的體格；不過我能確定一件非常重要的事，那就是在這個世界上絕對找不出和你一模一樣的另一個人。

所以，你現在應該瞭解到這個十分珍貴而且非常重要的事實：你在這世界上是唯一僅有、獨一無二的。

如此獨一無二的你，在學校歷經一年、兩年生活之後，經歷越長時間，你便將自己的價值和在學校的成績排名劃上等號。因此，你對自己的自信心逐漸消失，甚至可能會出現「我怎麼如此差勁」等等類似的想法。然而，光是簡單地用學校的成績排名來決定一個人生命價值的好壞是非常愚蠢的事情。

人生並非僅僅是短距離的賽跑，而是有如馬拉松般長久的競賽。因此，我認爲用輕易如切開一塊豆腐如此簡單的方法，來判定具有無限可能的你太過草率。你的價值和可能性絕對不是用成績、或是排名順序就能決定的。

英國一位音樂家、也曾是企業家的歐尼斯特・霍爾（Ernest Hall）曾說過一段話：

爲何我們無法明白我們無法教導學生對自己的認識與瞭解。我們應該對孩子們說「你知道你自己是誰嗎？你就是讓人驚奇而且了不起的奇蹟本身。你是特別的孩子。在世界上任何一個角落也找不到和你一樣的孩子。仔細瞧瞧你自己的身體，你的雙腳、雙手、可愛小巧的手指頭，你所有肢體以及一舉一動全都是上天偉大而且了不起的奇蹟。你也有可能成爲第二個莎士比亞或貝多芬。而且，你還擁有能解決所有事情的無限可能。因爲你自己本身就是一個了不起的奇蹟！」這樣的話。

你是否曾經想過「我自己本身就是一個驚奇」？每個人都擁有自己獨特的聲音、擁有屬於自己的光芒，每個人都具備無限可能的潛力。尤其是還未成年的你，更是蘊含了無法限量的潛在能力。

現在的你，是一個開始去尋找、預備去開墾出深藏在你內在的金礦的礦工。在這趟尋找自我的旅程中，當你感到辛苦疲憊的時候，請你用最眞誠的聲音問問自己：「我擁有哪些寶石？我又該如何去發掘我的寶石？」

自己的價值與潛力不該由他人來判斷。絕對不要讓自己接受其他人用他的標準，對自己所做出的輕率判斷。同時經常激勵並鼓勵自己：「我一定會找出屬於我自己的價值。」

也許，在你周遭，你所尊敬的人曾經讚許和激勵過你的潛力。這對你來說是非常幸運的。因爲，這樣的激勵和稱讚在你的人生中是十分重要的。

世界級管理大師—查爾斯・韓第（Charles Handy）曾經說過大人應該放下手邊的工作，發掘出孩子們學生時代的「黃金種子」（golden seed）。因爲在孩子年幼時期，窺探出孩子有任何可能性的大人，只要對孩子們說出任何一句小小的稱讚或鼓勵的話語，將來都有可能結成豐碩的果實。

能遇到如此慈祥而且深思遠慮的長者是萬分的難得與幸運。然而，並非每個人都能如此地幸運。如果我們沒能有幸遇到這樣的長者的話，那該怎麼辦呢？難道碰到困難就要放棄了嗎？絕不能一開始就輕言放棄。即使對自己的現況感到不滿意，也該爲自己做好一切萬全的準備。

那麼，就先讓自己試試看，努力讓自己變得更有自信、讓你成爲能替自己撒下「黃金種子」的那個關鍵人物吧！

Think Note

思考小筆記

● 曾經稱讚過我的才能，爲我撒下黃金種子的大人有：

1______________________________

2______________________________

3______________________________

● 到目前爲止，我最常聽見別人對我的稱讚是：

1______________________________

2______________________________

3______________________________

● 我擁有屬於我自己的寶石。我經常聽見別人稱讚我______________________________，所以我認爲我的寶石顏色是______________色。

多元機會的時代

我們正邁入多元機會的時代。
然而，這同時也是個充滿危機的時代。

如果用一個單字形容我們目前生活的時代，你一定會立刻想到「數位化」（digital）這個字。數位是由「0」和「1」這兩個簡單的位元（位元：bit，數位資訊的最小單位）所組成的。然而，也因爲數位化，全世界正捲入巨大轉變的漩渦之中。地球上的每一個地方正在發生前所未有的巨大變化。而引領世界急遽變化的關鍵就是電腦和網際網路的快速發展。現在的你每天很自然地透過網際網路進行許多活動，例如用電腦傳送電子郵件給朋友、在網路上觀看演藝人員的影像動作、從網路上下載喜愛的音樂檔案、參與線上即時遊戲等等。然而，電腦和網路所帶來的便利，眞正開始影響一般人的生活和職業卻不過短短四到五年的時間而已。

你我正處於歷史上前所未見的急速變化的時代、一個非常特別的時代。美國麻省理工學院媒體實驗室創辦人尼葛洛龐帝（Nicholas Negroponte）教授在他的著作《數位革命》（*Being Digital*）一書中，將位元定義成沒有顏色、也沒有重量，但其速度卻快如光速，是資訊情報的遺傳因子（DNA）；同時也將現在稱爲接近革命的變化時代。

當然，現在的你，對於自己生活在「革命時代」並沒有實質上的切身感受。不過看看歷史書籍，那些經歷革命時期的人們，在革命的當下不也是不知道自己正處於革命之中嗎？直到經過了那段時間之後，才會明瞭「啊！原來這就是革命！」而我們就正生活在這個充滿冒險和刺激的時代之中。

請留意未來研究協會著名的未來學家—保羅．沙佛（Paul Saffo）說過的一席話：

這不但是眞正的變革，而且還是十分巨大的變革。雖然變革的程度規模有大有小，不過可以確定的是至少在一百年內不會再出現比這更大的變革。回顧歷史上發生過的重大變革，現今這時代所發生的變革，就如同十四世紀中期印刷技術出現後所帶來的變革一般，它帶來前所未有的巨大影響。簡單來說，數位化技術推翻了長久以來世人謹守與維持的社會、政治、經濟的秩序基礎。我們現在正處在一個無所不變的世界，而所有的一切看似都在掌握之內，但卻都無法理解，我們就正生活在這樣的一個時代裡。

一直以來，我們學習到的知識爲：地球有五大洋、六大洲。在亞洲、美洲、歐洲、非洲、澳洲等每個地方，沒有一個地方沒有人類的足跡。就如同哥倫布一樣，人們冒著生命危險、憑藉開拓者的毅力和勇氣發現了新大陸，讓地球再也沒有不爲人知的地方。然而，從一九九〇年代中期開始，具有和我們原先認知舊大陸完全不同面貌的新大陸，突然出現在我們面前。

我們將這個不存在世界地圖上，只存在人們頭腦想像中的新大陸稱之爲「看不見的大陸」（The Invisible Continent）。尤其對你而言，這個新大陸不但提供你許多方便，更是你現在每天固定接觸、且十分熟悉的地方。你不但在這個假想的空間裡結交朋友，蒐集各式各樣的資訊，也在這個地方聆聽音樂和觀看電影。

也因此，這個讓人意外的新大陸出現後，對人們的工作、家庭、教育、政治以及文化等等，在我們生活中的每一個環節開始帶來前所未有的巨大影響。

另一種新的有錢人和貧窮者出現、商品價格下降，而且價格變得更多樣化、新的工作機會因應而生，同時許多人因此失去工作。也因此，現今的時代成爲一個機會和危機共存、而且瞬息萬變的時代。

在一個均衡穩定的狀態下，機會是不容易被發現的。雖然機會是一直存在的，但是較大的機會是在發生變化的時候才會出現的。換句話說，當大規模變化發生的時候，變化在各個領域、各個環節將會造成不平衡的現象，而在這些不平衡的地方將有較大的機會產生。

因此，歷史上，在影響巨大的變革時期，雖然變革讓許多人遭受巨變、面臨痛苦，然而那些在歷史的洪流中能趁勢抓住機會的人，不但得以致富，更能成爲名留青史、劃時代的偉大人物。

這個「看不見的大陸」已經深深地影響我們所有人的生活。在這影響的過程中，數以萬計的機會因應而生。當然，同時也可能隨之帶來許多危機。我們必須牢記，能抓取機會、善用機會的人和無法掌握機會的人，兩者將出現天差地別的差異。

「變化造成不平衡，不平衡的狀況下能帶來機會。那麼誰能掌握住這樣的機會呢？」

在機會和危機共存的時代裡，你將踏上成功的道路、還是走上失敗一途？完全取決你所做出的選擇。

Think Note
思考小筆記

● 使用網路之後對我造成的影響有：

1__________

2__________

3__________

● 網路對我父母及親戚在工作上帶來的影響有：

一、好的影響：

1__________

2__________

二、壞的影響：

1__________

2__________

有遠見的人們

狐狸只為了吃一餐而跑，而兔子的奔跑卻為了保住性命。
所以，狐狸是絕對抓不到兔子的。

星巴克（Starbucks）是知名的咖啡連鎖店。星巴克讓顧客們願意以一百元左右的價格買下一杯原本不過三十幾元的咖啡，是一家行銷成功的知名企業公司。在韓國，從金浦機場的候機室、一直到仁寺洞（譯註：韓國著名的藝術文化區，位於漢城。），全國各地都有星巴克，目前星巴克的店面總數還在向上累積當中。

從發跡於西雅圖海邊的一家小咖啡店，到目前在美國擁有超過二千家以上連鎖店的規模，除此之外，星巴克更成功地進駐歐洲、日本、中國等地的市場。也許在不久之後，星巴克會如同麥當勞或漢堡王一樣，在全世界主要的場所中佔有一席之地。

創建星巴克咖啡王國的是霍華·舒茲（Howard Schultz）。他的成功並不是別人賜給他的。霍華·舒茲剛開始創業的時候，沒有多少資金可以使用，當然他也沒有富裕的父母能從旁給予經濟上的援助。

他生長的地方是被公認爲貧民區的布魯克林。經歷過那段艱辛困苦的歲月才培育出現今的霍華·舒茲。他曾說過：「從我的經驗看來，當因出身背景而受到越多挫折，讓我發揮想像力的空間則變得越寬廣；而且提高了可能性，讓我創造出使所有事物看來變得可能的世界。至少對我而言，這是個確切的事實。」

在任何情況下，每個人都應該擁有自己的夢想。許多人說我們的社會無法讓孩子們懷抱夢想。然而，事實是否眞的如此呢？自己的夢想不是靠別人給的，只有自己才能讓自己擁有夢想。或許整個社會和周圍環境可以提供些微幫助，但是，除了「我自己」之外，沒有任何人能擔任我人生舞台的主角。

社會、學校、家庭以及我們生活的每個地方，總是不停地談論學歷。好像只要通過大學入學考試，就彷彿抓住了「幸福的青鳥」一樣，可以永遠幸福快樂似的。

當然進大學也很重要的。不過，進大學不過是爲未來做準備的其中一個過程而已。並不是當上大學生就能解決所有問題。

許多人進入大學之後依然感到苦惱、徬徨，然後白白浪費掉其餘的時間。你周圍有多少人大學畢業後仍苦惱找不到工作？這樣的情況也許日後還會更嚴重。並不是時間到了，考上了好大學，所有的問題都會迎刃而解，從此就能高枕無憂了。但是，能將這些事實情況完整實際地告訴青少年的人卻是少之又少。

在構思這段文字的時候，我再一次回顧青少年時期的自己。當然，那時的我和現在的我有相當大的改變。而那時候，也鮮少有人能和我好好地談論關於準備未來的事情。於是我每種事情都嘗試去做過，經歷過多次失敗的辛酸後，才終於嚐到了成功的滋味，最後慢慢摸索出自己的道路。爲了瞭解人生的眞諦因而付出許多代價。如果不有所付出，可能還得經歷更多的苦痛。

我經常在想，如果那時有預見未來的人，可以適時給予我一些珍貴忠告的話，比如說：「如果用這樣的方式去做，可以用較少的代價取得更大的成效……」

「年輕時所經歷的艱苦與困難將會滋養並豐富人的生命。」這句話雖然有道理，但是卻也不禁讓人在心中產生這樣的疑惑：「難道不能用更有效率的方法去做嗎？」

而我的青少年時期和當前的世界已有相當大的差距。現今的世界正以令人難以想像的速度變化著。如果能正確地掌握當前時代的特徵、預備好充分的資訊、爲因應未來做好準備，那麼，我們的人生將會有所不同。然而，並不是只要掌握急速變化的世界資訊，就算是做好因應未來的準備。這是讓你有充分的心理準備，讓你練習用各種不同的角度，去看待你現在所面臨的課業、升學、朋友、異性等各式各樣的問題。當你習慣轉換不同眼光或心態去看待問題，就可以讓變化本身轉變成爲有效解決問題的最佳對策。

你一定有爬山的經驗。從山腳下所看到的世界，和你從山頂上眺望的世界景致是截然不同的。所以不妨換個角度、遠遠地檢視最困擾你的問題，也許你會恍然大悟發現：「其實原來這也沒什麼嘛！」

沒有掌握時代資訊的人生，就如同沒有地圖和指南針，迷失在漆黑的山林中沒有兩樣。請你試著想像一下，當你走在一個完全陌生的地方，沒有地圖、也沒有指南針將會是怎麼樣的情形。

在青少年時期，總是會將所面臨到的問題看做是世界上最嚴重、最困難的事情。而這樣的想法之所以會出現，主要就是自己毫無準備，既沒有帶地圖也沒準備好指南針，貿然地踏上青春旅途的緣故。

我們對世界有什麼樣的認知，世界看起來就會是什麼樣子。如果凡事抱持著不知道、不想知道、冷淡、不關心的態度，就要先有心理準備——你將要因此付出不少代價。

「知識就是力量」這句話可不是憑空而來。

請努力試著去瞭解像光速般急遽變化中的世界所呈現出的各種不同面貌。掌握世界的潮流趨勢，就能成爲開拓你未來前途的動力。並且也能將目前困擾著自己的種種問題，轉換成用另一個想法去思考：「這些問題不就如同在滔滔江水中丟入一顆小石頭嗎？」

從現在開始，你要試著去觀察、去探究當前、以及未來即將在你眼前呈現的面貌。這些重大的轉變將對你的未來形成決定性的影響。如果能正確掌握住未來的趨勢與變化，也就等於爲自己準備好人生旅途的地圖與指南針。

Think Note

思考小筆記

● 我也像星巴克的創辦人—霍華・舒茲一樣擁有對自己未來的座右銘。

（我的座右銘）

● 爲了實踐我的座右銘，我應該付出這些努力：

1______________________________

2______________________________

3______________________________

無國境的世界經濟

無國境的世界經濟正快速地進入我們的生活中。
世界化的光和影正追趕著你向前邁進的腳步。

世界經濟連結形成密密麻麻的世界經濟網。全世界已經成爲沒有國境的大社會。形成如同一個超級大社區的世界經濟又稱爲「地球村經濟」。

萬一南美阿根廷無法償還外債而陷入困境，日本銀行答應延緩清算債權的日期，中國調整外幣兌換的價格，而相對的造成美金的匯率暴升或暴降的話，同一時間將對韓國的經濟造成相當大的影響。因此，國外貨幣價格變化所帶來的威脅，也就是匯兌風險對經營企業的人來說，總是最傷腦筋的一部分。也因此，以國外消費者爲主要經營對象的企業家們，多半將其資金分做三等分，分別以美國的美金、歐洲的歐元、以及日本的日圓進行管理運用，極盡所能地降低匯兌可能帶來的風險。

我們所談的國際化或是全球化（globalization），已將全世界經濟塑造成一個「無國境的經濟」型態。比起「無國境的社會」一詞，威廉・諾克（William Knoke）用更強力的「無空間的社會」的說法來定義與形容當今的世界情況。電影、書籍、音樂等領域就是世界化最典型的代表。未來，電影或音樂將面臨更巨幅的變化。因爲電影或音樂都可以數位化，透過網際網路的傳遞，美國、日本、以及其他國家能同時欣賞電影或收聽音樂。如此一來，所謂的國界邊境將不再具任何意義。

書籍也是一樣。除了符合韓國特性所需的幾個分類領域外，在韓國的閱讀市場中，最受讀者歡迎的書籍幾乎是美國作家的暢銷著作。就管理和經濟方面的書籍來說，該領域的作家並非只和國內同領域的作家競爭而已，而是必須和全世界所有傑出的作家共爭一席之地。如果無法成功地抓住消費者的目光，無論是哪一個國籍的作品都將被摒除於消費市場之外。

全球化競爭或是無限競爭並非只是出現在書籍或報紙上的單字而已。而是已經廣泛地延伸到商品市場、知識市場以及服務市場等領域。當今的市場上，每一個生產者無不使盡全力，用更低廉的價格、更好的品質來贏得勝利。如果不是特殊商品的話，相同的商品每年必須降低十至十五%的價格才能維持其市場競爭力。

在國家之間、超越國境的競爭事實不僅如此，還有其他更重要的意義。那就是市場的範圍將大幅度的擴大。原先阻隔了國家與國家間市場的各種障礙已日漸消失，進而形成一個龐大的市場。因此，具高競爭力的大企業們也比以前擁有更大的機會。具有技術和競爭力的企業或個人將不再受限於國內市場，而能取得以全世界爲拓展事業對象的機會。

韓國的汽車企業去年一年將汽車出口至全世界一八八個國家。其中，在競爭最激烈的美國、加拿大，以及歐洲等地市場的銷售量，就佔了汽車全部出口的七十五%。

反觀韓國的製藥，不過佔據全球市場一%的比重。成功建立韓國聯合製藥的姜德英曾說過：「走到外頭放眼所及九十九%都是市場；但如果能更向前一步，全世界有比這大上一三〇倍的龐大市場。所以光在國內市場內彼此爭執競爭是毫無用處的，應該加緊把握住躋身龐大世界市場的機會才是。」

但是，世界化的過程中並非只有美好的光明面。以往由國家經濟支配的時代裡，先進國家之中不具有特殊技術的勞動人員仍佔有一些優勢。因爲國內擁有優良設備以及卓越技術者會在國內與這些不具特殊技術的勞動者共同工作，這樣才能提高國家及企業的生產性。換句話說，以往的國家經濟可以形成一個巨大的保護網。因此，出生在韓國、或是出生在美國是攸關重大的事情。

然而，世界經濟的影響下，以追求最高利益爲目標的企業主們很難再去保障自己國家勞動者的工作機會。因爲世界經濟時代下將由消費者來決定價格，激烈競爭的結果是企業間無不竭盡所能地降低生產成本。爲了降低生產成本，當然是找尋最低廉的勞動市場來從事生產工作。

將來，勞動者想取得報酬，出生在富裕國家或是貧窮國家將不會是重要的關鍵。未來報酬將決定於個人具備什麼樣的才能和工作技能。將來，在印度或中國接受高等教育擁有傑出技能的人，比起在美國從事同樣工作的人，還能取得更高的工作報酬。另一方面，在美國沒能接受教育、沒有一技之長的人所能得到的待遇，將低於在印度或中國相同情況下的人。

個人擁有的專才或技能將會越來越重要。在無國境的世界經濟時代裡，個人的生存指數將取決於自己的能力和技術被開發出來的程度多寡。

Think Note

思考小筆記

● 我決定要和李遠哲、李昌鈺、曹錦輝、陳金峰等人一樣，踏上世界的舞台。

我要在________年之後，以__________________的身份，揚名海外。

● 如果要以這樣的身份踏上國際舞台的話，我必須具備的能力和技術是：

1____

2____

3____

4____

5____

知識驚人的力量

擁有天然資源才是富有的時代已然逝去。
二十一世紀將是追求知識富裕的時代。

今日是以知識（knowledge）作爲標準判定是否富有的時代。現今世界是運用頭腦中的知識、想法，以及想像力來製造財富。

從前是根據誰擁有較多的金、銀，以及持有寬廣富饒土地的多寡，來決定一個人享有的生活水準。自古以來，天然資源是決定國家或個人生活水準的關鍵，因此人們爲了取得更多、更寬廣、更富裕的土地，以及擁有更多的天然資源而不斷發生爭戰。而歷史就是以人們爭奪資源所發生的衝突和戰爭爲中心演變至今。然而，不知從什麼時候開始，一個能變出如天文數字般富裕的全新魔法開始現身。而這一種創造新財富的魔法指的就是知識的力量。

微軟公司總裁——比爾・蓋茲（Bill Gates）開始創業時，並沒有前人留下的鉅額遺產作爲經濟後盾。他運用創意以及自己創造出的知識，以全世界人們爲對象，成功地銷售他所創造出來的商品。

有一個有名的小故事是有關於比爾・蓋茲的創意。許多人複製了他所發明的電腦BASIC程式語言，於是他寄了一封公開而且簡短的信件給電腦使用著：

「這是小偷的行爲！」

那時還沒出現將程式軟體視爲可販賣之商品的想法。不過，比爾・蓋茲認爲知識是無形的商品，他不顧他人的反對，堅決將程式製造成爲商品。

辭去穩定的醫生工作，而試著開創預防電腦病毒事業的安哲洙也是將自己的知識成功地轉換成商品的代表人物。一九八八年C種電腦病毒入侵韓國，安哲洙是韓國第一位開發出預防電腦病毒程式「疫苗」（vaccine），並且免費提供給社會大眾使用。之後他再陸續開發推出V2、V3號疫苗，在韓國預防電腦病毒的領域上建構領先的防禦系統。

但是，上述這兩位也僅僅不過是在現今的這個時機點上被稱爲成功人士。雖然他們憑藉著獨特的創意擁有現今的地位，然而這個成功的地位卻不會是永遠的。如果他們沒有持續不斷地繼續創造出非凡的知識，是無法維持其成功地位的。

知識最大的魅力就在於它不受制於一個人的過去。你出生自怎麼樣的家庭、你是從哪一個學校畢業的、你的成績表現又是如何？這些都不會被過問。你所具備的知識將會帶給現今人們多大的價値，這才會是人們關心的重點。如果你所具備的知識能爲人們帶來幫助、提供便利、以及帶來愉快的話，這樣的智慧一定會爲你帶來財富與名聲。

你也想成爲一個成功的富翁嗎？那麼，你就應該充分瞭解創造富裕的基本法則。這法則就是運用你自己的知識去創造出讓人們、讓消費者們感到滿意或感動的商品或是服務。

我們可以在某些大企業廣告中看到「做到讓顧客說ＯＫ爲止、服務到讓顧客感動爲止。」類似的文宣用語。這樣的廣告文宣成功地掌握到成功致富的核心要素，也爲我們做了良好的示範。只要你具備了一種知識，能夠創造出讓顧客感動的商品或服務，你就比別人擁有更多成功的機會。相反地，沒有具備這樣知識能力的人，就只能一直抱怨自己沒有遇到好的發展機會。

急遽的變化正給每一個領域帶來巨大的影響。尤其是音樂唱片業界轉型爲知識產業的速度更是快得驚人，舊的音樂市場型態似乎已消失殆盡。從音樂的製造、行銷、通貨、銷售方式，甚至連聽音樂的型態與方式也都起了相當大的變化。

不久之後，只要在室內連結上超快速資訊網路的音響系統，然後一聲令下：「我要聽某歌手某張專輯的某一首歌。」就能在任何場所收聽到你想聽的歌曲。

未來，將由原先購買CD聽取音樂的方式，轉而流行爲直接從網路上收聽音樂。從網路上下載歌曲至硬碟收聽、或經由高速網路直接連結至伺服器收聽、再不然就是透過衛星、或是尚未開發的新技術收聽，接收音樂的方式將由你自己來決定。曾幾何時，要下定決心拿出幾百元買回一張張的CD已不再流行。各種音樂收聽程式與MP3的登場，讓收聽音樂變得更加簡單與便利，人們踏進唱片行、將CD買回家收聽音樂，這樣的畫面將走進歷史，變成回憶。

以往，從音樂的錄音、製作、行銷到通貨，這些過程都需要耗費不少金錢和努力。然而，現今的全新技術，不僅將過去要花上數個月時間的音樂製作以及繁瑣的通路過程予以縮短並簡化，同時也降低了所需的成本費用。

美國超人氣歌手（Moby）曾說：「今日，只有才能（talents）才是通往成功的唯一路徑。」而在音樂的國度裡，同樣需要一種知識才能，藉以創造出獨特的技巧（know-how）與想像力。

在知識支配全世界的時代裡，你現在做好了什麼樣的準備呢？

Think Note

思考小筆記

● 比起其他的領域，在電腦和遊戲的領域中，最近的變化更大、更快速。在這些領域發生較大的變化有：

1______________________________

2______________________________

3______________________________

● 比爾・蓋茲、安哲洙、趙成模等人擁有他們自己的知識。我也有擁有屬於我自己的。

1 比爾・蓋茲的知識是

____

2 安哲洙的知識的是

____

3 趙成模的知識是

____

4 屬於我的知識是

____

以光速流動的金錢

有一種東西不分人種也不受國籍限制的，那就是金錢。
此刻，金錢正以比光速還快的速度在世界各地流通當中。

最快受到全球化影響的就是金融市場。金融市場包含銀行、保險、證券等等為了獲利而聚集金錢並進行投資之多樣化的企業。

金融市場在網際網路蓬勃發展的影響下，超越原本地域上的限制，快速地發展成世界經濟。以往各種地域上的阻礙消失，全世界的金錢不再受到時間或空間的限制，迅速尋找並移動前往可以創造高利益價值的地方。此刻這一分、這一秒的瞬間，全世界正有上千上萬上億的鉅額資金正在流動著。

在以美國為首的已開發國家，透過股票或債券等方式與其他國家間交易的規模，從一九八〇年代佔全美國內生產毛額（GDP）不到十%的程度，到一九九〇年代增加到超過國內生產毛額一〇〇%的規模。此外，外匯市場經由國與國間貨幣的交易來賺取差額，外匯市場一天的交易量可高達一兆九千億美金。

如果從韓國搭乘飛機前往美國，最快得花上半天以上的時間。如果加上前往機場的時間前後大約得花上一天。即使透過聯邦快遞（Fedex）或美國運通等國際快遞公司運送，要在一天內將一件小型貨物從韓國送到美國也不是件容易的事。然而，資金卻能在短短幾分鐘內、幾秒鐘內透過網際網路來回太平洋流通好幾次。因此，當今世界上最有權力、最具影響力的人不是總統也不是政治家，而是「電子商務投資人」。

從紐約的華爾街，到香港、倫敦、東京、法蘭克福，無數在這些世界金融中心地區工作的金融專家，只需經由一個小小的終端機，便能分析國際經濟情勢，同時間進行股票、債券或外匯的操控買賣。當然，他們的市場就是全世界。如果他們有意與以自己方式維持經濟市場的國家作對的話，並不需要動員到航空母艦或戰鬥飛機之類的武器。只要他們降低該國或該企業的信用程度，對手就會乖乖自動舉手投降。

最具代表性的就是被稱爲操控世界經濟的幕後黑手——基金經理人喬治・索羅斯（George Soros）。有關他左右世界經濟的著名故事多得不勝枚舉。

一九九二年索羅斯大舉放空英鎊造成全歐洲通貨危機。英國政府雖然揚言將與索羅斯奮戰到底，但這場金融戰爭的最後結果是英國中央銀行舉手投降。在短短一星期內，索羅斯就賺進超過十五億美元。全世界金融界甚至用「他的一個小動作，全世界都因此而震動」來形容索羅斯舉足輕重的影響力。

接著，讓我們來看看電子投資人的作息情況。

美國證券公司以及投資營業機構是二十四小時運作的。每天下午四點紐約證券停止交易後，必須立刻結算並記錄當天的損益情形。而緊接著開始運作的亞洲市場中，負責亞洲地區的基金經理人依據從紐約取得的結算情形，進行亞洲地區的投資。到了下午亞洲金融市場休市後，又將亞洲地區的結果回報紐約，接著進行在紐約的投資工作。

就這樣，電子投資人持續二十四小時地以全世界爲對象，進行賺錢的遊戲。而現在任何一個國家的經濟都與全球經濟緊密相結合著。尤其位居全球經濟龍頭的美國金融市場一有任何變化，在不到三小時的時間內，勢必也將影響到韓國的金融與股票市場。

你是否注意過韓國的股市？韓國所有登記上市的企業公司中，其中約有三六・六%（約九十四兆韓圜）的股權持有人是外國人士。而一九九七年，外國人在韓國持股的比例不過十四・六%（約十兆韓圜）。而這些外國人中，美國人就佔了高達五十六%的比例。今日，美國人在韓國股市中的影響力不容小覷。曾有人說：「在亞洲，韓國依存美國經濟的程度遠高於其他國家。美國經濟情況一轉好，韓國經濟隨著好轉，而美國經濟一旦下滑，韓國經濟便立即受到波及。」

然而，我相信我國優秀的「電子投資人」將日漸增多，而且人民的經濟將越益富裕，受外國的影響也會隨之減少。當然，即將擔負未來這項重責的就是正在閱讀此書的你！

Think Note

思考小筆記

●除了銀行以外，其他掌管經營金錢交易的機關還有：

1______________________________

2______________________________

3______________________________

●我如果有一百萬的話，我想在什麼地方投資，以及買我想買的東西。我的分配是：

內 容	金 額
儲 蓄	100萬元
	元
	元
	元
總 計	元

顧客取向

現今是由顧客決定價格的時代。
無法滿足顧客需求的商品或服務將被消費者淘汰。

當你下定決心要用一大筆錢購買高過零用金的物品，你可能會花上一些時間做功課吧？我猜想你可能會在網路價格評比的網站上瀏覽，或許爲了少花一塊錢，你也有可能跟最好的朋友一起討論這件事。

類似的情況現在看來是理所當然的，不過在幾年前情況可截然不同。以前必須耗費許多時間以及交通費用親自前往一家家商店比較價格。如果想用更便宜的價格購買的話，則必須多走訪幾家商場或賣場，再費另一番功夫和老闆討價還價，想辦法爭取更滿意的價格。然而，網際網路普及之後，只需滑鼠輕輕一按，便能輕鬆地取得商品的價格以及產品品質內容等資訊。

yahoo奇摩拍賣、ebay等皆是知名的商品價格比較網站。有了這些網站的情報，消費者只需坐在電腦前，透過滑鼠便能一一比較所有產品的價格。

如此一來，再也不需再如以往一樣大費周章，到處尋訪價格，也大幅度地節省了時間與力氣。只需最少的成本費用，便能購買到最佳商品的時代已經來臨。

以往，製造商品的生產者或是負責銷售的中盤商們，可是比消費者付出了更多心力。而他們的情況又變得如何呢？購買物品或服務的消費者擁有比以往更大的優勢。這樣的情況稱之爲力量的移動，或稱「權力的移轉」（power shift）。如今，購買物品的人比起製造物品或流通物品的人，掌握更強勢的主導力量。

能說出「這物品的價格多少？」的人並非生產者，而是購買物品的顧客，也就是消費者。

這可說是非常巨大的轉變。而這樣的變化也是現代社會的重要特徵之一。以往，製造或供應物品的人佔有絕大的優勢。因此，他們可以將製造物品時花費的成本，額外附加利潤之後才決定產品的價格。

可是現在的情況又是如何呢？負責供給物品的商人們所決定的價格，是否能被購買物品的人們所認同呢？答案顯然不是。購買商品的消費者是沒有人情的。只要能少花一塊錢，國產品也好、舶來品也好，幾乎沒有多大的差別。如今，已經轉換成由購買物品的消費者來決定價格。也因此，原本決定價格的法則被完全地破壞。購買物品的過程變得如同進行拍賣（auction）一般。

假設你爲了購買彩色螢幕手機而去參加拍賣。幾個製造手機的公司代表分別公布自家手機的價格。如果甲公司出價一萬五千元，乙公司則會開出一萬三千元、丙公司開出一萬一千元等，其他家公司將以類似的順序開出更低的手機價格。

不過，這並非只是假想的情況而已。現實生活中，商場上如同拍賣一樣由消費者來決定物品價格的情況正在發生。因此，絕大部分購買物品或服務的消費者，正在類似拍賣物品的情況下購買物品或服務。購買物品的消費者未來將持續佔有優勢。

但在另一方面，生產者們的情況又是如何呢？在越激烈的競爭之中，越容易被市場淘汰。尤其自家生產製造的物品或服務，和其他公司的差異性越小的話，則面臨價格壓力的情況會越嚴重。因爲在這樣的情況下，消費者們當然具備決定價格的絕對優勢。

因此，爲了降低成本、提高產品的品質，生產者必須持續不斷地努力才能生存下去。所以企業經營者爲了減少成本費用，外派人員到其他地方，或是將生產工廠移轉到其他國家，這些情況也都很普遍。今日，大學畢業生面臨就業上的困難，這也是其中的一項原因。

以擁有豐沛勞動力市場的中國大陸爲例。中國因人口眾多，相對的其勞動人力市場也十分龐大。而中國工廠勞工的薪水平均只有韓國國內勞工的五分之一～十分之一而已。只有北京和上海等大都市地方的上班族，和韓國的上班族薪水的差異較小。在全世界銷售的電視機中，每十台就有四台是「Made in China」；冷氣機每兩台中有一台是中國生產。在美國沃爾瑪（Wallmart）等大型賣場中，要找到韓國製造的商品還不是件容易的事情。韓國企業也大多將需要多人製造的產品製造工廠，移轉到中國、印度或是東南亞等多勞動力生產地。

僅僅是公司內或國家內彼此競爭的時代已經過去了。勞工們也許無法親眼見到其他競爭者，但他們的確正和地球上某個地方相同領域的從業人員，進行著激烈的戰爭。在永無止境的戰爭時代中，爲了存活下去，一定要認清當前的現況。不過，當然也無須過於憂慮、害怕，或是因此變得消極。只要對社會現象多一些關心、比別人多一分思考、多一份努力，相信解決方案將會一一浮現。當然，如果能經由這本書，獲得「啊！這樣做就行了嘛！」的靈感或技巧的話，那就更好了。

Think Note

思考小筆記

● 曾經有過經驗由我自己決定價格而購買物品：

1 在拍賣網站上，用五百多元便宜的價格買到MP3

2____________________

3____________________

● 雖然比較過其他產品的價格，我仍然選擇買了比較貴的產品。我會這樣選擇的理由是：

產品名稱	理由
Nike球鞋	樣式很特別

品牌，品牌，品牌

現在個人也需要擁有自己的品牌。
創造屬於自己品牌，是邁向成功的第一步。

「耐吉、愛迪達、Puma」等名詞，會讓你有什麼聯想？許多人立刻會將這些名詞和「球鞋」聯想在一起。同樣地，Nautica、Polo、Levis等品牌分別讓人聯想到服飾、T恤與牛仔褲等產品。而這正是品牌（Brand）所具備的力量。光是一個品牌名稱，就擁有讓人無意識地聯想到該產品與企業的神奇力量。

有些人也許會對是否有必要花大錢購買年輕人喜愛的品牌商品感到懷疑。不過，也有人是不管得多付多少錢也一定要擁有這些品牌的商品。

調查結果顯示，顧客如果想購買有品牌的商品，則必須多支付二十～三十%左右的金額。雖然有其他具備相同機能、而價格便宜許多的商品，但爲何人們會如此執著於昂貴的品牌商品呢？

有些人使用品牌商品的時候，會因此感到幸福或滿足。而有的人也許把自己和這些一流品牌聯想在一起，認爲自己也是一流的、與眾不同的。品牌帶給人們幸福、滿足、認同感等各種不同的價值與感受。在現實生活中，品牌的的確確發揮著它無比的威力。

品牌的價值威力究竟如何？我們來看看下面的這個例子。

以前韓國啤酒市場中，代表品牌有OB啤酒以及CROWN啤酒。而那時OB啤酒較受到消費者的喜愛，CROWN啤酒則是陷入苦戰。CROWN啤酒經過無數次的研究，陸續推出其他不同品牌的啤酒，還是無法成功。

新產品接連的失敗，負責推出產品的經營團隊著手調查失敗的原因。最後終於找到了：用CROWN品牌向OB啤酒挑戰，是新品無法成功上市的最大障礙。因此，新開發的啤酒採取和原先產品完全不同的策略。公司推出命名爲HITE的啤酒，取代先前以CROWN公司名稱爲中心的命名方式，一方面向消費者強調「HITE是引用純天然礦石泉水釀造而成的啤酒」。結果以天然、純淨泉水帶來全新的品牌形象，HITE成功地攻下啤酒市場，並創下公司成立以來，首次取得市場銷售成績第一名的記錄。之後CROWN啤酒更乾脆將公司更名爲

HITE啤酒。

由這個例子可以得知，爲了創造出引起大眾注意的成功品牌，公司甚至必須要有更換名稱的覺悟。

每一天都有無數的商品在市場上現身。該選擇哪一件商品也成爲消費者最苦惱的問題。隨著消費者的生活日益忙碌，當想要購買所需物品時，也就更迫切地需要有關商品品質好或壞的情報資訊。這時候，最簡單也最合適的選擇方式就是透過自己對品牌的認識與瞭解來做選擇。

一提到某項物品，你心中應該很快地便會聯想到一、兩個該物品的知名品牌。我們來示範一下：提到啤酒你可能會聯想到HITE、飲料是「可口可樂」、化妝品是Lancôme、汽車是「賓士」等等。

英國的全球性品牌調查機構——INTERBRAND，每年固定對全球性的品牌價值給予評價，並公布其調查結果。二〇〇四年七月對品牌價值最高的前十名企業進行的調查結果是：

第一名　可口可樂

第二名　微軟公司

第三名　IBM

第四名　奇異電子(GE)

第五名　英特爾(Intel)公司

第六名　迪士尼公司

第七名　麥當勞

第八名　諾基亞(Nokia)

第九名　豐田汽車(TOYOTA)

第十名　萬寶路(Marlboro)

看了以上的調查結果，是否感受到品牌的威力了呢？不過，品牌的重要性，可不是僅僅限於上述的這些企業而已。同樣地，品牌的管理對於演藝人員也是相當重要的。未來個人自我品牌形象的管理將越來越重要。若你能成功地創造出屬於自己的品牌形象，就是爲自己開啓了通往成功的道路。

也許你會問「演藝人員或是我應該如何創造屬於自己的品牌呢？」讓我們來思考一下這個問題。

無論你將來成爲工程師、金融界的基金經理人、了不起的醫生、還是擁有專業技術的生產現場的生產人員，這些都不重要。不管是誰，只要是在自己的領域中，努力地磨練並發揮專長，便能創造出屬於自己的品牌。

以前的我也從來沒想過現在能成爲寫作出書、到處演講的專家，並且建立屬於自己的形象。而現在的我不但擁有「孔炳浩經營研究所」（Gong Institute）個人專屬品牌印象，同時活躍於各項活動的參與。

以往，有沒有個人的品牌或形象並不是特別重要。甚至還會出現「出賣自己」等批評的聲音。然而，時代已經不同了。

所謂的「品牌」指的是銷售業者爲了將商品或服務，與其他同業競爭對手有所區隔，而使用特定的名稱或象徵物（如Logo、註冊商標、包裝設計等）。從現在開始，請試著讓自己成爲與眾不同的人物。用誠意和眞心去創造屬於你自己個人的品牌形象。相信你未來的成就是指日可待的。

曾任美國哈佛大學教授、美國勞工部部長，現任美國布蘭迪斯大學（Brandeis University）教授的羅伯特・萊奇（Robert Reich）就曾經說過：「現今無法成功推銷自己的人，將成爲最糟糕的人。」他無疑是強調了品牌的重要性。

Think Note
思考小筆記

● 我曾經因爲選擇品牌而購買價錢較爲昂貴的產品：

1____

2____

3____

● 我最想擁有____________（品牌）的____________（產品）。不過這個產品和他牌產品比較之下，貴了____________元。

● 我希望未來我名片上的內容是：

我個人的專屬名片

速度和危機支配的世界

處在危險和機會共存的時代裡，
你必須瞭解與學習「如何做好危機管理」。

從幾年前開始，以往從未出現過的景象發生了。在美國或在英國等不同地區的人們利用網路聊天取代原本昂貴的國際電話，並且透過電子郵件傳達即時訊息。藉由網路，所有事情的處理速度也隨之加快。

然而，如果錯誤理解速度加快的意義，很有可能會增加相當程度的危險性（risk）。以企業爲例，許多前所未見的各種不同的危機正一一地浮現。

在其他國家所發生的政治、經濟、社會上的變化訊息，幾乎是零時差地同步傳回國內。不僅如此，各個企業正對那些在同業競爭公司裡，擁有最核心技術人才的一舉一動虎視眈眈，準備隨時找機會網羅入社。

一般公認微軟公司是所有企業當中最成功的一家。然而，微軟公司日本分公司代表表示曾經聽比爾．蓋茲這樣說過：「任何一個小小的失誤，都有可能將整個微軟公司的名稱摧毀殆盡。」日本分公司代表也表示，比爾．蓋茲從來就沒改變過這個想法。連全世界最富有的比爾．蓋茲都抱持著「我隨時都有可能失敗、也有可能破產。」這樣如履薄冰的想法，戰戰兢兢地經營全球最成功的企業。

個人的情況不也一樣嗎？在所有事物處理速度加快的情況下，提供給組織個人的才能或技術，很有可能變得一無是處。如果欠缺勤奮不倦的努力，就算接受過良好的教育，進入了良好的企業，還是有可能很快就會被淘汰的。

在過去，也許工作固定、沒有變動是最安全的。但是，現在這個時代反而變成如果不試圖向新資訊或新領域挑戰的話，才會眞正讓自己陷於危機當中。雖然以往相信固定在同一個地位上是最安全的，如今實際上這樣反倒是最危險的。

在以前，銀行是安定的企業代名詞。因此，銀行行員的職業算是最穩定的行業之一。而現在銀行的情況變得如何呢？以隨身聽和PlayStation聞名的SONY，打出「做出自己的風格」（Do It Your Style）口號，開創網路線上銀行。也因此，SONY爲銀行寫下全新的定義。現金的提領和既有的銀行攜手合作，支付一定的手續費；而其他的銀行工作，則透過電腦資訊處理技術進行分析處理。所以，銀行轉變成經由電腦的網路線路連結成一個大型的資訊通訊公司。而這就是銀行轉變後的新面貌。

如此一來，銀行必須重新考量顧客的需求。從提供服務者的立場來看，銀行、證券、保險等各領域都必須有所區分。在過去，這些個別領域彼此互不侵犯，區分相當嚴格。然而，現在如果從顧客的立場著想，這樣的作法反倒變得相當不便。顧客期望的是將自己的財產存放在安定的銀行內，同時隨著自己可接受的風險性高低來選擇購買不同的證券，讓自身的財產有更優異的增值表現。

因此，銀行開始涉入保險的固有地盤，保險業界也開始橫跨至銀行的領域。結果，銀行、證券、保險將逐漸合併，變成大規模的金控公司。

全球最強大的手機製造業者—摩托羅拉（Motolora）在韓國市場慘敗給三星製造的Anycall。最近又面臨芬蘭諾基亞（Nokia）的嚴重威脅。

諾基亞公司在芬蘭證券市場中占有約六十六%的地位，佔全芬蘭國內總生產的三十%。因此，有些人就乾脆將芬蘭（Finland）稱爲「諾基亞王國」（NokiaLand）。

科技技術從類比移轉至數位，摩托羅拉對於因應變化的速度才稍稍遲緩，諾基亞卻很快速地找到因應之道。在一瞬間，諾基亞便搶下手機製造公司全球第一的地位，將摩托羅拉擠入第二名。

既然如此，現存的企業版圖在面臨巨大變化與衝擊的同時，個人又應該如何因應呢？方法只有唯一的一個。在個人的才能之中，除了擁有最主要的核心專業技能之外，還必須讓自己兼備幾項其他不同的專業能力。

在準備企業或職場上所要求之多元技能的同時，也是自我磨練和充電的機會。太過於投入某一項領域，而對其他領域一無所知，這將會是非常危險的事情。請務必記住，你正處於一個得隨時面對全新挑戰的變化時代。

Think Note 思考小筆記

● 曾從周遭的大人聽過原本經營得不錯的公司面臨破產倒閉的例子。導致這公司破產的原因是：

1例子：______________________________

2原因：______________________________

● 如果可以從事我心目中理想的行業，有哪一些技能是必備的：

1在這工作中必備的技能是：

____

____

2讓自己擁有競爭力的證照或其他技能：

____

____

我的工作在哪裡？

你必須成為到處流浪的旅客。
二十一世紀將是帶著你自己專有的知識、創意從事多元化工作的世紀。

幾天前我接到一封來信。來信內容是關於一個人離開他工作了三十多年的公司。除了教師或公務人員等職業之外，未來將越來越難在同一個職場持續待上二十年甚至三十年的情形。在一九九七年韓國發生金融危機以前，還有許多人一進入某公司，便抱持著這樣的想法：「這裡就是我這輩子要工作的地方。」但是，現在無論是誰，都不再認爲這是可能的。

截至目前爲止，人們一進到某家公司，便會和公司締結「我會將我的時間交給公司；而公司將提供我終身雇用的穩定保障」等類似的契約。當然，並不是一定要和公司簽下這

種契約。不過，一般來說，一旦進入某家公司，只要沒有犯下太大的失誤，大部分的人幾乎都能在這家公司一直工作到退休

未來，當你從學校畢業之後，雖然很有可能自己創業，不過進入公司就業的可能性還是比較高。但是請千萬記住，絕對別和公司簽署上述這種工作契約。公司無法保證終身雇用你、提供你工作。你和公司都無法提出這樣的要求。也許和過去相比，可能會覺得沒有得到終身保障，但是同樣地，你則是得到無比自由的發展機會。

最快在十年之後，你也進入職場工作，從這家公司被調到另一家公司。如果是自由契約選手的話，就像是職棒選手一樣，今年在這個球團、明年可以轉到提供更好條件待遇的球團。

在美國，轉換工作環境到更符合自己條件的公司是很普遍的情形。美國的年輕人在三十二歲以前，平均至少換過九次以上的工作。而每個工作環境平均停留的時間不過只有一年四個月而已。反觀韓國或日本的情形，大部分的人幾乎一輩子只待過一家公司。

不過這樣的情況正逐漸在改變當中。因此提供工作的公司以及求取工作的人們，雙方面的想法同時都在改變。工作的供應與需求不應該用契約的方式來決定。因爲在社會活動旺盛的未來，你會在什麼樣的地方工作，取決你具備何種專才和技能。

有人對於尋找工作的人到處轉移職場的現象是這樣比喻的：

上班族將不再固定在同一個地方工作，時代將大幅度地改變。第二次的游牧時代即將來臨。

萬一你的公司無法滿足你的需求，而其他工作環境卻能提供你更多的報酬、福利以及更棒的工作經驗，你一定不會遲疑，也不會有所戀棧地轉換到另一個職場。美國人把這稱之為「加州現象」。意思是說相形於華盛頓、紐約等美東地區，自由奔放的舊金山或是ＬＡ等美西地區，更換職場跑道是十分自然、而且是司空見慣的事情。

不過，更換工作有優點也有缺點。當你選擇工作的自由彈性增加時，你就必須覺悟到職業安定性將相對地減少。自由與不安感如同硬幣的兩面，將永遠同時地存在。自由伴隨著責任而來，同時也將帶來不安定的感覺。

如果你具備別人沒有的知識、或是擁有別人沒有的技能，你將會有較好的待遇與報酬。但那些沒有具備特別優勢的人們，工作情況將越來越困難，甚至將面臨到被解雇的威脅與危機。

在二十一世紀，終身職場的概念將會消失，而終身職業將具備更重要的意義。也就是說，未來人們將不是被束縛在可保障就業的公司裡，而是憑藉自己專屬的知識和技能去選擇自己的職場。

然而，爲什麼發生這樣的變化呢？

在過去，工作經驗的多寡是十分重要的。因此，公司往往支付經驗豐富的資深人員較高的薪資。但是，不知從何時開始，經驗的價格與重要性漸漸降低。經驗不再如以往受到高度的評價，所以公司改而雇用雖然沒有經驗、但能接受較少薪水的年輕人。

在如此險惡的環境中，能成爲你牢靠支持力量的不是你父母，而是你自己本人。更具體來說，最重要的是你個人所屬的專才和技能。請更加用心、更加努力地成爲具備獨特專才和技能、成爲能替自己未來帶來安全保障的人吧！

Think Note

思考小筆記

● 假設你找到工作，即將與雇主簽訂工作契約。在工作契約中想對公司要求哪一些條件內容：

雇主：未來公司代表
員工：韓有能
契約期間：
契約條件： 1 2 3
簽名 （印）

● 在選擇工作的時候，必須考慮許多條件因素。我認爲這些條件之中，________是最重要的。

英語的威力

英語的重要性正與日俱增。
英語不再是特定國家的語言，而是世界共通的語言。

許多徵才廣告中都會出現這樣的文句：

「精通英語者優先錄取。」

流暢的英語聽、說、讀、寫能力變得越來越重要。現在進入就業市場找工作，英語能力越流利順暢的人，薪資至少是一般人報酬的二倍、最多還有可能多到三倍以上。此外，如果具備優異的英語能力，能尋找工作的就業市場大小及範圍也隨之大幅度地擴大。

要超越光用韓語以五千萬名顧客為對象的市場範圍不太容易。但是，如果你具備流利的英語能力，你便能以全世界為目標尋找就業的機會。隨著你英語能力的好壞不同，站在起跑點的位置與機會就不是平等的，這一點是非常關鍵的。

英語已成爲二十一世紀的世界語言。再者，英語又是網際網路的通用語言，未來將持續發揮更強大的威力。目前在網際網路上流傳的資訊約有七十～八十％是英語。雖然全球各地使用英語的程度有所不同，但據統計全球六十億人口中，大約三十二～三十五％的人可以使用英語溝通。

我們來看看日本的例子。日本的進、出口物量佔全球總量的十五％，雖然其經濟規模十分可觀，但在網際網路上，日本的資訊佔全世界資訊不到一％的比例。隨著將全世界合而爲一的便利網路越加深入我們的生活，英語的生命力就將更爲旺盛，而英語以外的其他語言則正急速地喪失其影響力。

現實生活裡，不會英語的人多多少少碰到過一些困擾。現在，你是不是已經切身感受到學習英語的必要性呢？很不幸的，韓語的語言結構與英語非常不同，我們學習英語很困難。「不斷努力再努力！」爲了克服學習英語的先天缺憾，努力再努力是唯一的方法。具備超凡遠見以及洞悉力的日本經濟評論家大前研一（Ohmae Kenichi）指出：「就如同過去二十年來，想在國際金融市場有所斬獲，英語能力是基本要件一樣；未來，在所有領域中，相同的情形將會再度發生。」

不論是國際會議、或是國際社會上的活動，現在只要出席任何一種國際場合或聚會，使用英語幾乎是絕對必要的。在此考量之下，新加坡從很早以前便提供可選擇學習語言的自由，並提供了人民公平的學習機會。一九七〇年代以後，新加坡總理李光耀更將英語明訂爲新加坡的第二國語。而爲了避免耗費人力與時間，便將語言的選擇權全權交由個人決定。這樣施行的結果是，在二十年後的今天，新加坡已成爲東南亞區域裡的英語中心國家。

然而，韓國的情況又是如何呢?從年輕媽媽讓肚子裡的胎兒聽英語歌曲開始，到上班途中專注聆聽英語會話錄音帶的公司職員，我們在英語學習上投注了相當大的心力。不過，學習效果卻非常有限。接著讓我們探討有哪些更有效率的英語學習方法。

其中之一就是英語的普及化。如果生活周遭欠缺經常使用到英語的環境，即使花費再多時間和金錢也無法有效提升學習效果。而英語普及化也成爲爭論的焦點。英語普及化的優點是能公平地提供每一個人學習英語的機會。而反對英語普及化也就是代表允許由專門的集團、對象獨佔知識與情報。這和中古世紀限定只能用拉丁文閱讀知識而獨佔知識情報的菁英沒有兩樣。

從現在起，請將你的心力和熱情投注在英語的學習上。如果只是被動的學習是無法期許有任何進步發展的。用你的熱情、好奇心以及意志力享受英語的學習吧。因爲再也沒有比樂在學習更好的學習方法了。

如果還有時間以及餘力的話，日後培養自己的中文語言能力，將可以把你自己的人生，提升到另一個不同的境界，讓自己具備另一項別人沒有的優勢。

Think Note
思考小筆記

● 爲了更有效地學習英語，我曾用過的各種學習方法有：

1____

2____

3____

● 我周圍英語十分流利的人們，他們獨特的英語學習方法是：

1____

2____

3____

● 試著透過雅虎網站（http://tw.yahoo.com.）或Google網站（http://www.google.com.tw）的檢索功能，用「語言的未來」以及「英語的普及化」等關鍵詞進行檢索，找出關於語言的未來及重要性等資訊。

自我選擇與擔負責任

多元、耀眼機會的時代已經來臨。
即使在夢中也要牢記「選擇」和「負責」這兩個單字。

在前面的文章中，我們提到過變化經常會伴隨著不安、不確實感以及危機而來。儘管如此，我們依然必須接受變化，原因是變化將提供給我們無數的機會。

任何人，包括我在內，總會因變化速度之快、以及影響範圍之深遠，而心生畏懼、感到害怕。變化就如同沒有預告就前來的不速之客一樣，隨時都有可能出現，並且會讓你不斷質疑「這眞的是正確的方向嗎？」。不過，在經歷變化的過程中，最不可思議的是當你一一嘗試著去做這、做那之後，原先的擔憂、恐懼就在不知不覺間消失不見，並且感受到從心裡產生一股從未有過的勇氣。

我認爲生命就是解決一連串問題的過程。即使再大的困難或是痛苦正侵襲著你，讓你出現想放棄一切的念頭時，請千萬要提醒自己：「人生不光只有這些問題而已……」

有一個每天都很苦惱、也對生活充滿焦慮的人，有天他跑去對他的朋友訴苦：

「唉，我每天要苦惱和擔心的事情實在太多了。我不懂爲什麼這些事情只發生在我身上。我好想去一個完全無憂無慮，也不會有任何煩惱的地方。」

這位朋友毫無表情地回答他說：

「聽說往東的方向，距離大約二公里處就有那種地方。」

「眞的嗎？眞的有那種地方嗎？那個地方到底在哪裡啊？」

朋友是這樣回答問題的：

「那個地方叫做公墓。全世界所有沒有痛苦也沒有煩惱的人全都躺在那個地方。你現在還會有煩惱、還會覺得痛苦，就表示你還好好地活在世界上不是嗎？」

完全沒有任何煩惱、憂慮的人已經被排除於生命競賽之外了。而人生的這趟旅程中，將隨時有各種不同的問題出現，希望你能記住，你一件一件地解決這些問題的過程，就是你活在世界上的事實證明。

當你處理當下的問題時，請你努力試著用更平靜、更和緩的態度去面對這些問題。我知道這不是件容易辦到的事。但經歷過多次的經驗讓我們得知，也許在當下這件看起來很了不得的事件，可能變成多嚴重的問題，但只要隨著時間過去，你再回想起這件事，經常會有這樣的感覺：「還眞是芝麻小事一件呢！」

正在閱讀這段文字的你，也許是學校裡功課成績很好的人、也許是有另外專長的人、也許是有時候不情願去學校的人、或是一進入教室就忍不住打瞌睡的人。不管你是哪一種人，希望你千萬不要因爲你對世界的趨勢、發展方向一無所知，而白白地浪費了你所擁有的寶貴光陰。

只要知道得越多、能做出正確選擇的可能性也跟著提高，人就是具有這種無限可能的生命體。此刻就是需要你做出選擇的關鍵時刻。請牢記「選擇」（choice）與「責任」（responsibility）這兩個單字，並且努力地向前邁進。同時，對你做出的選擇負起責任也是你份內的工作。

「我負責任。我對我自己的行動負責，我要努力開創我自己人生的道路。」這就是你的使命。你要如何接受各種情況與利用自己的時間，以及如何做選擇，這些都將由你自己的心來決定。

●現在想起來，仍讓自己覺得「很棒、很慶幸」的決定：

1 ______

2 ______

3 ______

●到目前為止，仍然有「很可惜、很後悔」感覺的決定：

1 ______

2 ______

3 ______

「責任」有一位如影隨形的朋友。這個字叫做「獨立」。現在開始，父母親爲你擔負人生責任的階段已經告一段落。父母親和你一起共同經歷過的路程，是爲了讓你走上「我自己的人生道路」的準備過程。

在這過程中，發掘出能改變你的事情是很重要的。請牢記：「我將自己做決定、我的決定由我自己負起責任。」讓自己成爲人生的主人。

Think Note

思考小筆記

● 我現在有許多苦惱。這些苦惱之中，我無法獨自解決的是：

1________________________

2________________________

3________________________

● 我雖然有過推卸責任的經驗，但也有很驕傲地扛起責任的經驗，現在回想起來仍然覺得很驕傲。

1時間：

2事件：

3我有勇氣的行動：

關鍵想法

正確掌握變化的趨勢，把未來創造成機會的殿堂

閱讀以下十項主導世界的變化趨勢（trend）。並請不斷地反問自己：在如此多變的變化風暴中，我是否能隨時更新我的狀態？我是否能做出最明智的選擇，並對我的決定負責？

1 看不見的大陸出現
2 物理的國界消失與世界經濟的變化
3 知識的富有是社會的原動力
4 以光速移動的金錢
5 從生產者移轉到消費者的權力
6 品牌躍進的時代
7 速度和危機支配的社會
8 超越行業之間的界線與競爭對手的出現
9 英語的威力
10 機會和危機相伴的求職競爭

過去代表成功、財富的資源是自然資源，例如土地、黃金、石油等。然而，突然之間，「知識」崛起成爲成功的資源。全世界第一富有的比爾・蓋茲創新地提出「知識是無形的資產」這個想法。全世界最富有的人擁有的僅只是無形的、看不見的知識，這可是人類歷史上的第一次。

—萊斯特・梭羅（Lester C. Thurow）

02 我要擁有自己的藍圖

「你可以像一朵無名小花般隱藏在花海之中；也可以用華麗的姿態、獨特的香氣引起眾人的目光。看你是打算漫無目的地過一天算一天，還是目標正確朝著你的未來前進。不同的人生態度將帶領你前進到不同的領域。現在的你，是否已經確切明白自己未來的目標在何方？以及你理想的未來又是什麼嗎？」

「對於不知道該把船划向何方的人而言，任何一個方向的風都無法是順風。」

——法國思想家蒙田(Michel de Montaigne)

成績不是一切

建構自己的未來就如同繪製一幅圖畫。
必須由自己執筆、並且自己動手去畫才行。

每天，我聽到的第一句話總是「你最近很忙吧！」這句話。而我的確也是馬不停蹄地每天忙著和不同的人會面，「你一定很忙喔！」總是他們向我問候的第一句話。你呢？你最常聽到別人對你說的話應該是「最近的成績有進步嗎？」「再多用功一點！」之類的。

沒錯，功課對你而言非常重要。讀書、學習絕對不能夠隨便馬虎。然而，在漫長的人生中，讀書並不是全部，而且也不應該是人生的全部。

讀書這件事可以用畫圖來比喻。想像你拿著一本很大的素描本，然後準備下筆畫圖。

你可以將讀書想像成畫畫的第一步驟——素描。如果這幅圖畫一開始的底圖就沒打好，那麼不管塗上多美麗的顏色、或是用多厲害的修飾方法，這幅畫還是無法成爲好作品。

也許圖畫到一半，你會出現「畫得不好的話，再重新畫過不就行了！」這樣的念頭，但是人生卻無法重新開始的。你學習生涯的過程及成果將對你漫長的人生形成一定程度的影響。

萬一畫不出屬於自己人生的圖畫作品就進了墳墓，那麼這幅作品將永遠無法完成。因爲任何人都無法代替你畫出你的人生，只有你自己才辦得到。

戈登・麥肯齊（Gordon MacKenzie）將人活著的這件事，比喻成繪製一幅圖畫。所有人都想進入名門學校，但卻只有非常少數的人能如願以償。然而，並不是只要進入名門學校，你的人生就是一片光明。

有件事你千萬別忘記，那就是天下絕對沒有不勞而獲的事情。如果在繪圖的第一階段裡，你非常用心努力地將底圖基礎打好，那麼，接下來的步驟就輕鬆多了。這對每個人都是公平的，剛開始願意多付出心力的人、以及不願意付出努力的人，兩者絕對不會有相同結果的。

你所擁有的才能是否可以在讀書學習當中，發揮出最大潛能，這是因人而異的。然而，有沒有盡一切的努力以及是否全力以赴是十分重要的。

「全力以赴」（Do your Best）。

在人生的每一個階段裡都應該盡全力而爲。在學生時代盡全力而爲，能讓自己具備信心，在未來每個階段中也能善盡全力；這同樣也是在訓練和幫助自己，做每一件事情都能堅持到最後一刻。最重要的不是你的成績表現如何？而是你是否已經盡了全力努力去達成？

美國小說家卡倫・凱西（Karen Casey）教授的這番話，能夠爲你的旅程提供一些幫助：

我們絕對想像不到生命最後一刻的成績會是如何？而在我們的人生中，唯一能清楚確定的就是我們是否努力過。只有在人生旅程中盡過最大努力的人，才能擁有最佳的成果。

請想像你現在專注於一張畫布上，正要努力畫出一幅圖畫。這幅圖一開始絕對不是很美麗的。你剛開始下筆一定是不熟練的，也許還有些生疏。不過，需要牢記的是，你的每一筆劃都要全神專注用心勾勒；並且努力讓自己維持不輕易放棄的心態。如果現在覺得畫得不好看，就輕易地將畫筆丟到一旁，這是不理智的行爲。如果最後畫出的結果非常美好，當然是非常幸運的事；但如果畫出的結果不甚理想，畫圖的過程本身就已經具備了充分的意義，不是嗎？

當然，我們會發現在學校中有許多不合理的、以及不滿意的地方。我們的社會和教育中的確存在著一些問題，這是不爭的事實。然而，現在的社會環境和教育環境有許多是無法一下子就能改變的。我們不應該對整個大環境全盤失望而放棄，而是應該讓時間一一改善處理這些問題。現在正是你學習的黃金時期，如果讓對社會、對環境的不滿而白白浪費掉你寶貴的學習時光，那才眞的是太可惜了。

比起一些空泛、不具體的理論或極端的行動，你更需要的是去找出你一直想找尋的，並且保持凡事盡力而爲的心態。這將能爲你創造出更好、更棒的人生。

Think Note

思考

小筆記

● 如果爲我自己的人生態度評分的話，我會給自己______________分。

● 因爲這些原因，所以我給自己打了這個分數：

1____

2____

3____

● 我曾經全力以赴去完成的事情有：

1____

2____

3____

你現在擁有什麼呢？

前往尋找潛能的美麗旅程中，
你將體驗到各種驚奇與歡喜的感受。

人生是無法走回頭路的一趟旅程。在這旅程中，你會因小小的事情感到欣喜，也會因爲一個小小的挫折而感到絕望。

在這充滿波濤洶湧、一刻也不能休息的人生旅程中，確切地瞭解自己、發掘自己內在的潛能，是這趟旅程中最最重要的課題。

即使失去了其他的東西，有一件事請你一定不要忘記、務必要牢牢地記在心裡。那就是：你自己比你想像中的還要優秀，你自己比你想像中的還更有潛力…

人們通常不太瞭解自己。而且，也不曾試圖好好地去瞭解自己。在現今瞬息萬變的時代裡，留一些時間好好看看自己、聽聽自己內心的聲音、或是多愛自己一點，絕對不是想像中那麼容易的事情。

我不認為在學校裡的學習僅僅只是背誦一些片斷的事實、練習做出問題的解答、參加一些考試而已。在學校裡的學習，也是尋找自我的旅程中一個非常重要的過程。

假設現在你背著背包開始去旅行。在旅行當中，你經歷到各種以前從來沒聽過、也沒看過的神奇經驗。而這些多采多姿的經驗，將讓你對自己、也對這個世界有更深一層的瞭解與認識。

對於學習本身，只要稍微改變一下你對學習的刻板想法，就將會看見另一個不同的世界。在學習的過程中，多元豐富的學科將帶領你前往一個個未知世界去探索。學習這一科、那一科的知識並不是因為我有義務學習這些知識，而只是把這些知識當做新奇、有趣的學習對象。

不光是學習，未來你還會遇到許許多多的事情，如工作、結婚等等，面對這一切，你都要努力試著把它們當作是一連串尋寶的探險旅程。你也許會發生意想不到的驚人成果也說不定。這樣在想法上的轉換就可以將單調、無趣的事情轉變成一次次的意外與驚喜。

請不斷反問自己：「我真正想做的事情是什麼？我真正喜歡的東西又是什麼？」

如果你還是難以找到自己感興趣的，那麼在日常生活中假使遇到你喜愛而熱衷的事情，請試著將它培養成你專屬的特長。這樣練習與尋找的過程，很有可能成為喚醒你心中沈睡之潛能的神奇咒語。

對你而言，好好地瞭解自己、認識自己比讀書這件事還來得重要。也就是說要找出你內在「潛在的才能」（hidden talents）。

奇怪的是，潛在才能的特徵是不會顯露在外，它埋在你內在最深的地方，散發著像黃金或鑽石般閃亮耀眼的光芒。

有些人因為發掘出自己潛在的才能而獲得成功。但是，大部分的人並不知道自己眞正喜歡的是什麼、以及到底擅長做些什麼，一輩子盲目地活著，直到老死。這實在是件可惜的事情。

某法學院教授的一席話，更說明了在人生中知道自己喜歡什麼、進而選擇自己喜歡做的事有多麼重要：

一位在法律界相當知名的教授在去年退休了。許多人出席他的退休典禮為他祝賀，然而教授的表情卻十分晦暗與悲傷。於是有人問他：

「教授，您在心煩什麼呢？國內最具影響力的人今天齊聚一堂祝賀您的退休。您今天應該非常高興才對呀？怎麼表情這麼難過呢？」

法學教授沈思一會後，嘆了一口氣說道：

「你不能瞭解這種難過的心情。過去三十年來並非我所嚮往的生活，其實我最想成爲一位鋼琴家。雖然我是一位成功的法學教授，但難過的是這並非我眞正想要的。在人的一生中，眞正知道自己想做些什麼，並去做想做的事情，那才是眞正成功的人生啊。這樣看來，我的人生是大大地失敗了。」

在這個叫做地球的地方上步行著、生活著的我們，是不可能有第二次的人生的。從現在開始，你應該努力去挖掘出藏在內心那顆獨特又珍貴的寶石。雖然目前寶石的面貌還未能完全顯露出來，但是積極去發掘一切可能性的過程本身，就具有非凡的價值。

在這趟尋找「潛能」的旅行中，請敞開你的心門。不要受限於你現在所擁有的，埋沒了你具有無限潛能的其他可能性。多方面地勇敢去嘗試。你最後將發現你喜歡的以及你所擅長的一切，正仔細地記錄在你人生的備忘錄之中。

Think Note

思考小筆記

● 我是負責保管具有各種才能寶石的保管箱。我潛在的才能有：

1＿＿＿＿＿＿＿＿＿＿＿＿＿＿＿＿＿＿＿＿

2＿＿＿＿＿＿＿＿＿＿＿＿＿＿＿＿＿＿＿＿

3＿＿＿＿＿＿＿＿＿＿＿＿＿＿＿＿＿＿＿＿

● 光是想起這件事情就會很愉快。做這件事的時候，我會不自覺地感到開心。

1＿＿＿＿＿＿＿＿＿＿＿＿＿＿＿＿＿＿＿＿

2＿＿＿＿＿＿＿＿＿＿＿＿＿＿＿＿＿＿＿＿

3＿＿＿＿＿＿＿＿＿＿＿＿＿＿＿＿＿＿＿＿

熱情召喚成功

只有深藏在內心的好奇心和熱情，
才能喚醒開啓成功大門的神奇之鑰。

每個人都想要成功。當然每個人對成功的定義有所不同。不過，不管成功的定義如何，人人都想要成功。你也一定想要成功、出人頭地。

如果有人問我：「你認爲什麼是成功的最重要關鍵呢？」我會很有自信地回答說：成功的關鍵在於每個人都擁有的「熱情」（Enthusiasm）。

熱情這個單字是由en和theos這兩個字根組合而成。兩個字根合起來的意思，就字面上解釋爲「開心、高興」。擁有熱情的人不斷努力用盡一切辦法尋找更新、更棒、更好、更讓人眼睛爲之一亮的事物來讓自己驚喜。這些充滿熱情的人，不管是讀書、工作、銷售……

……，做任何事情，都能讓自己確實地樂在其中，享受做所有事情的快樂。

他們盡自己全力、用心地朝鎖定的最高標準前進，也就是稱爲完美（perfection）或卓越（excellence）的境界。他們想要達到比一般人所能達成的目標還要更高、更完美的程度。

Kyocera集團總裁——稻盛和夫（Kazuo Inamori）在二十七歲時借了一萬美金資金，和七位伙伴共同創立京都半導體公司。他雖然國小沒畢業，然而卻能創建現在舉世知名的Kyocera集團。他曾經強調過：「熱情是能喚醒深藏在你內心巨大潛能的力量。只要你有熱情，不管任何事都有可能做到。熱情是你成功以及成就的泉源。成功的秘訣就是你的熱情。」

這次前往美國出差的途中，我去了前面文章提過的星巴克咖啡連鎖店。在咖啡店裡除了喝咖啡之外，印有星巴克商標的文具上頭的這句話吸引了我的目光：

「熱情創造完美」（Passion makes perfection）。

對於渴望成功的人，這句簡單的文句也深深地抓住他們的心。透過這句話，人們獲得無限的希望。這句話告訴我們，即使是生來不特別聰明的人，也一樣能擁有熱情這項成功的武器，所以不論是誰都有可能創造成功。

我將目前爲止所遇過的人分成兩類。我猜想日後遇到的人也應該能輕易地歸在其中一類。一類是少數懷抱著熱情的人，另一類則是剛好相反的人。

儘管天生好運、擁有聰明的頭腦但卻缺乏熱情，這類的人大部分最後往往默默無聞、消失在人生的舞台上。這些人只相信自己最強大的武器就是他們聰明的頭腦。他們不知道，知識和能力如果沒有了熱情，就如同沒有點燃的火柴一樣，是毫無用處的。

佛萊得・羅傑（Fred Rogers）將具有熱情的人定義成天才。

會被叫做天才的人都有一個秘密。他們都記得小時候自己的心態。小時候的自己對所有事情都抱持著熱情與好奇心。並且永遠不會厭倦。

朝著成功前進的人就如同兩個輪子一樣，一個輪子叫做熱情，除此之外，還有另一個輪子叫做好奇心（curiosity）。對於自己所做的事、對於所遇到各式各樣的人，總是想盡辦法想要多瞭解一些，這樣的好奇心也正是成功的重要關鍵之一。

我認爲熱情和好奇心，是指引平凡的人走向成功之途的最關鍵因素。雖然也許有人會說：「有些人的熱情和好奇心是由遺傳因子所決定的。」但是，絕大部分的人卻並非如此。那麼，要如何做才能幫助你取得成功的鑰匙——熱情和好奇呢？你需要後天的訓練與習慣。俗話說「熟能生巧」（Practice makes perfection）。熱情和好奇心也能經過反覆的練習而得到。請經常對自己說：「我要保持熱情、我要充滿好奇心。」當然，有時候運氣的確會決定一些事情。但是，運氣對於已經準備好的人來說，卻是可以加分的。

傑克．威爾契成功創建出全球最大企業——美國奇異電子，他是這麼形容愉快且用心工作的態度以及熱情的重要性：

所有的勝利者都是熱情的人。熱情可說是區分勝利者和失敗者的關鍵。如果沒有那些細瑣、枯燥無味的小事情，那麼偉大的夢想以及成就也就不可能被實現。熱情與你聲音的大小無關、也和華麗的外貌無關。熱情其實是存在於你內心的最深處。

一點也沒錯！熱情就是你所擁有的最佳武器。

Think Note

思考小筆記

● 我覺得我的熱情有＿＿＿＿＿＿分。

● 我給我的熱情打這個分數的理由是：

1＿＿＿＿＿＿＿＿＿＿＿＿＿＿＿＿＿＿＿＿＿＿＿＿＿＿＿

2＿＿＿＿＿＿＿＿＿＿＿＿＿＿＿＿＿＿＿＿＿＿＿＿＿＿＿

3＿＿＿＿＿＿＿＿＿＿＿＿＿＿＿＿＿＿＿＿＿＿＿＿＿＿＿

● 我覺得我的好奇心有＿＿＿＿＿＿分。

● 我給我的好奇心打這個分數的理由是：

1＿＿＿＿＿＿＿＿＿＿＿＿＿＿＿＿＿＿＿＿＿＿＿＿＿＿＿

2＿＿＿＿＿＿＿＿＿＿＿＿＿＿＿＿＿＿＿＿＿＿＿＿＿＿＿

3＿＿＿＿＿＿＿＿＿＿＿＿＿＿＿＿＿＿＿＿＿＿＿＿＿＿＿

夢想國度之外

雖然每個人都有夢想，但不是每個人都能實現夢想。
上天傾聽懷抱夢想的人的話。

當你坐在開往學校的交通車裡，或是很悠閒地窩在沙發上，還是剛考完試輕鬆自在地返家路上、或是正在等人的時候，你腦海中可曾浮現過未來的景象，就彷彿電影畫面出現在你眼前？無論是誰，一定都曾幻想過自己幸福快樂的將來。

夢想不一定要有具體的模樣。因爲夢想可能會隨著時間而改變，所以是無法固定不變的。你的夢想也是你的期盼和希望。不僅僅是「我一定要成爲這種人」、「我希望我擅長做什麼事」「如果能那樣的話就太棒了」等等，都是夢想與希望的表現方式。雖然對每個人來說，夢想不見得都能如此具體，但也差不多是這樣的程度。

不管是誰，都能在心中描繪出自己的願景、以及自己所期盼達成的事物。然而，十分遺憾的，並不是所有人都能將這些夢想付諸實現。

不過，無法達成夢想的人有一個共同的特徵。他們只把夢想存放在腦海中當作一幅景象、或是放在心中當作是永遠的希望。

我周圍有許多只會作夢的同事。他們不但很優秀，各方面的表現也很傑出。他們不常提及自己的抱負與理想。而我見到他們總是不免感嘆。因爲他們只將夢想藏在心裡頭，而不去具體實現夢想。對他們而言，他們欠缺將夢想帶進現實世界的意志力。

拳擊選手中最受尊敬的拳王阿里，他是這樣強調意志力對於實現夢想的重要性：

冠軍絕對不是光靠肉體上的表現就能達成。所有的冠軍都是憑藉著自己心中的夢想、希望、以及精神上的支持力量。冠軍需要不斷告訴自己要撐到最後一刻、告訴自己速度要更快一點，一定要有充分的技巧以及堅強的意志力才能堅持到最後。而在所有致勝的技巧之中，唯有擁有最強悍意志力的人才能成爲最強的冠軍。

每個人都會在腦海中勾勒著夢想、或是在心中熱切地期盼著願望實現。不過，藏在你腦海與心中的夢想，應該要正正當當地走進你的現實生活中。有了決心將理想付諸實行的勇氣，將啓動你日後成功與成就的必勝關鍵。

你應該在一張白紙上，實際記下你夢想的具體模樣。沒被紀錄的夢想也許隨時會不留一點痕跡就消失無蹤。將你的夢想記錄下來，然後反覆提醒自己。經過這樣反覆的過程，夢想漸漸地變成你的信念。有了信念再加上你的熱情，你將會看見夢想眞正實現的那一天。

具體實現你隱藏在內心的夢想是你的使命（mission）。爲什麼人們會徬徨？爲什麼會感到挫折？爲什麼許多人對世界上所有事物漠不關心？爲什麼有人總是抱持著攻擊的心態？我們在世界和學校裡遇到的這些挫折、難過以及悲傷，大部分是因爲我們無法完成自己的使命、或是根本沒有任何使命才會有這些不好的感受。

四十歲的年紀對你而言，也許還太過於遙遠。孔子將四十歲的年紀稱爲即使是受到誘惑也不會爲之動搖的「不惑之年」。然而，仍有很多人到了這個年紀卻依然無法發掘自己的使命而徬徨。他們也像青少年一樣處在徬徨之中。人們將這種情形稱做「中年危機」（middle age crisis）。青少年時期或是中年的徬徨大多是因爲失去夢想、或是找不到夢想方向而造成的。你和我，不，應該說對我們所有人來說，當下最重要而且最應該趕緊著手去做的事情，就是要找出自己想做的、自己一定要去達成的使命。

寫到這裡已經是凌晨時分了。我想跟大家分享一下我剛剛收到來自一位年輕人的一封電子郵件。內容是：

我是一年前，爲了準備題目爲「○○競爭力的起源是什麼?」的報告，因而寫信給您，目前任職於某企業的新進職員某某某。我現在已經離開那間公司，在研究所裡學習更高深的機械工程。

我在逛書店的時候，看見並買下您的著作《自我經營筆記》，發現裡頭有許多對我十分有幫助的內容，我在重要的地方畫線，反覆又反覆地閱讀。我認爲這些重點對我特別重要，只要一聯想到相關的內容，我便會再次翻開書本閱讀。

由於還有想繼續請教老師的地方，於是寄了這封e-mail給老師。我今年二十八歲，爲了成功及幸福而努力生活著。我想繼續進修，如果有機會的話也希望可以出國留學。

然而我有個苦惱。以我現在這個年紀，對於自己是否應該繼續讀書、挑戰攻讀博士學位這件事，我無法確認這樣做是否値得。

也許我該在三十五歲以前好好地衝刺我的學業，但這段期間我的經濟生活、婚姻生活該要如何維持下去，這許許多多的疑問深深困擾著我。

我想繼續攻讀博士的原因是我非常想做研究工作，並且希望能夠當一輩子的研究員。希望老師能以您的經驗提供一些建議。

對於這封郵件，我是這樣回答的：

能找到自己想做的事情眞的是非常幸運的事。人生比我們想像的還要漫長，也許年紀會是你考慮的因素之一，但絕對不會成爲阻礙你前進的因素。如果繼續唸書研究是你生命中的第一優先順位，那麼你應該更熱情、更勇敢地去做這件事情。時代不停地變化著，在變化的時代中，你對自己瞭解的程度如何，將是左右你是否能成功的最大關鍵。

Think Note

思考小筆記

● 到目前爲止我有過許多夢想。不過這些夢想總是一閃而逝。

〈我夢想的歷史紀錄〉

時 間	我的夢想
小學五年級	老師

● 我現在的夢想是__________________。爲了實現這個夢想我訂下我的夢想計畫。

期 間	內容
二〇二〇四年	進入〇〇大學唸〇〇學系

所謂的使命

你的使命就是在人生的航程中找到自己的方向，
並且扮演好燈塔的角色為自己指引未來。

你所熟知的公司大部分都有其使命（mission）。企業的使命就是企業存在的理由。這個使命就是公司未來發展的方向。企業裡的成員也一起追求公司的使命。如果企業沒有使命，將會發生什麼事情呢？企業可能會迷失方向，犯錯的可能性也會提高，公司發展的困難度也會跟著增高。

對於公司的員工和成員來說，他們一起工作的企業是什麼樣的企業、爲什麼非要在這企業中工作不可、以及未來公司的發展情況又是如何，這就是公司使命帶給他們的重要性。使命與當下進行的事業有所不同，而是包含了更深更廣的意義，也代表著公司的將來。企業的使命包含了未來應該發展的方向，以及存在的理由，扮演公司的藍圖或指南針的功能。我們來看看以下幾家企業的使命，具體對使命有更進一步的認識：

●POSCO—我們提供社會最基礎的產品與服務，對顧客以及人類社會有所貢獻。爲了達到此目標，我們要求成爲第一、講求創意、重視基礎與原則，要成爲受尊敬的企業。

●安哲洙研究所—以不斷的開發研究貢獻於社會爲基礎，爲了自我的發展永無止境地努力，用尊重與信賴引領所有人與公司的發展，聆聽顧客的聲音並且遵守和顧客的約定是其最主要的核心價值。這些信念與核心價值永不變質，將使公司成爲有靈魂、而且能永續經營的企業。

●Fila—爲了讓顧客有更充實的感受，Fila創造出更多讓個人更能享受於運動的商品，透過行銷使Fila成爲無私的運動品牌，渴望成功者、團隊精神、犧牲奉獻、創造性以及趣味等等運動價值與精神，Fila將成爲具有這些運動精神與價值的企業。

正如同企業的使命一樣，個人也該擁有自己的使命。然而，個人的使命，也就是「自我使命」是什麼呢？自我使命指的是地球上獨一無二的自己存在的理由、以及生存下去的理由。自我使命將取決於你想讓自己成為什麼樣的人，你想要達成什麼樣的目標，你能對這世界有什麼貢獻，什麼事情對你而言是重要的，以及什麼事情能引導出你生命的價值。自我使命就如同你人生的地圖或指南針一樣，將幫助你不再徬徨、不再絕望、不會失望、不受誘惑，能幫助你充滿自信地走向你理想的目標。

生活本身就是一種選擇。你能做出這種選擇、也能做那種選擇。回頭想想你的生活，學業、就業、朋友、遊戲、金錢等每一個不同環節，都曾經讓你苦惱不知該如何從中選擇。也有超越理性本能去行動的時候，但你一旦喪失了方向感與節制力，將難以感受到幸福或是成就感。也許從外表無法察覺出來，但是內心真正渴望的聲音卻被忽略了。

當你對生命擁有控制權、知道自己確切的方向、並擁有主導權，你將會感受到滿滿的幸福感以及成就感。

在你尋找自我使命的過程中，你必須小心不要犯下這些錯誤。首先，要將使命盡可能地極大化，也就是說你的使命越大越好。如果你將使命限制在小範圍裡，那麼你的成就也將變得很有限。你必須將你的使命訂在一個最高的境界。更不要讓自己存有這樣的想法：

「我到目前只能達到這樣的程度，那就把我的使命定到這裡就好。」。

跟今天以前的你道別吧！因爲自從你擁有一個偉大的、堅定的全新使命之後，你已經開始轉變成另一個全新的自己了。

使命和你的職業是完全不同的兩回事。具體地想從事什麼樣的工作和你的使命是截然不同的。進一步來說，你的工作只能算是完成你使命的其中一個要素。

Think Note

思考小筆記

● 可口可樂、麥當勞、漢堡王等是我喜歡的品牌。利用網路查出我喜歡品牌有什麼使命：

1 企業：________________

使命：________________

2 企業：________________

使命：________________

3 企業：________________

使命：________________

● 使命具有重大的角色，因此能包含許多的夢想。請試著仿照安哲洙研究所或Fila的使命，整理寫下屬於你自己的使命。

〈我的使命〉

自我診斷

為了尋找夢與希望，以及自我的使命，
首先要讓自己成為「真正的自己」。

爲了找尋自我的使命，從現在開始你必須準備幾項作業。因爲這本書的空白地方不多，請先準備好幾張白紙。也請一起準備好幾支削好的鉛筆與橡皮擦，並且用你最平靜的心情，經過充分的思考後再回答以下這些問題。

如果無法一下子回答出來，請先跳到下一個問題。或者先讀完本書的其他單元，再來完成這些問題也沒關係。我們不需要趕時間。請用你最悠閒與最平靜的心情，好好寫下你內心與腦海裡眞正的想法。

同時，也不需要在意其他人的想法。希望你能好好與自己進行對話。在這作業中，最重要的就是將你的想法據實地記錄下來。

一、請想像數十年之後的某一天，你在你心愛的兒子、女兒，以及太太或丈夫的陪伴下，躺在床上面臨人生的最後一刻，等待死亡到來。請你閉上眼睛試著在心中描繪那一刻的情景。而在那個時候你希望自己成爲什麼樣的人？是一個富有的人、有名的人、地位崇高的人、對社會影響重大的人、清廉的人、受尊敬的人、還是有貢獻的人？你會選擇哪一種形容詞來形容你自己？你可以選擇一個或一個以上的形容詞，請按照你所希望的形容詞寫下來。

我希望自己成爲＿＿＿＿＿＿＿＿的人。

二、你希望自己未來理想的樣子，自畫像會是什麼樣子呢？試著畫出來你眞正希望自己成爲的樣子。是非常成功的大人物、還是受其他人喜愛的人物、非常幽默風趣的人物、還是受到別人肯定的人物？請試著寫出你覺得最能形容你未來理想模樣的句子。

我希望自己最理想的樣子是＿＿＿＿＿＿的人。

三、你現在最想從事什麼樣的工作？律師、醫師、歌手、演藝人員、總統、還是上班族？在各行各業中你理想的行業是什麼？

幾年前我曾經希望自己從事其他的工作。

＿＿年前我想當＿＿＿＿；＿＿年前我想當＿＿＿＿；＿＿年前我覺得＿＿＿＿是我理想的工作。

而現在的我，想從事的工作是＿＿＿＿＿＿。

四、現在的你為什麼想要從事這份工作呢？是因為興趣、錢、名聲、權力、地位、父母的期望、還是競爭的心態？試著寫出你的理由。

因為＿＿＿＿＿＿的理由，所以我想從事＿＿＿＿＿＿的工作。

五、相較於別人，你特別擅長的長處與優點是什麼？你的專長也許是作文、說話、閱讀、運動、打電動玩具、玩電腦、或畫圖等。請把你自己擁有的優點想像成是一件商品。假設你是在百貨公司銷售這件商品的商人，請把你認爲最值得推銷給客人的商品陳列在最接近顧客的地方。試著給你自己的每一項優點評分，分數最高的優點寫在最前面。

我最________的優點有

1 ________

2 ________

3 ________

4 ________

六、你最想擁有的優點是什麼？一定有你現在雖然還沒擁有，但是卻很想努力擁有的優點。你覺得會是什麼呢？

我未來將更加努力讓自己擁有＿＿＿＿＿＿的優點。

七、除了優點，你一定也有缺點。你認爲你的缺點是什麼呢？

我認爲我的缺點是＿＿＿＿＿＿。

八、你認爲你在做什麼事情的時候會非常開心、而且非常熱衷做這件事情？看書或是玩遊戲等任何活動都可以。試著把你有興趣的事情寫下來。

我在＿＿＿＿＿＿的時候，覺得自己很喜歡做這件事情，而且會覺得很有趣，也會非常投入。

九、你認爲什麼是你重要的價值？你從你的父母、或是周圍的人們身上感受到各種不同的價值觀，例如誠實、正直、信賴、勇氣、和諧、努力、謙虛、成功、關懷等等。把你在日常生活當中覺得重要的價值按照重要的程度依序整理。試著想像你要對一個不認識的人作自我介紹，你將對他們說「我是一個覺得這個價值最爲重要的人」，然後寫下你的價值觀。

我認爲＿＿＿＿＿＿＿＿＿＿是非常重要的。

十、你喜歡什麼顏色？綠色、藍色、紅色、黃色等，你認爲哪一種顏色最能用來形容你？以及你覺得哪一個單字最適合用來形容你自己？這裡指的不是你的綽號，找出最適合你的單字，比如說勇猛、智慧、勤勉、正義、服務、信義等等，在無數的名詞當中，找出一個最能象徵你的單字。

我最喜歡的顏色是＿＿＿＿色；最能代表我的顏色是＿＿＿＿色。而我覺得最能表現我、象徵我的單字是＿＿＿＿＿。

Think Note

思考小筆記

● 使命就如同人生的羅盤一樣，扮演著非常重要的角色。因此爲了確認使命，我們再一次地整理對自我的診斷。

我希望自己成爲＿＿＿＿＿＿＿＿＿的人。

我希望自己最理想的樣子是＿＿＿＿＿＿＿＿＿＿的人。

幾年前我曾經希望過自己從事其他的工作：＿＿年前我想當＿＿＿＿；＿＿＿年前我想當 ＿＿＿＿＿＿＿；＿＿年前我覺得＿＿＿＿＿＿＿是我理想的工作。

然而，現在的我，想從事的工作是＿＿＿＿＿＿＿＿＿＿＿。

我因爲＿＿＿＿＿＿＿的緣故，所以想從事＿＿＿＿＿＿＿＿的工作。

我認爲我的優點是＿＿＿＿＿＿；＿＿＿＿＿＿＿＿＿和 ＿＿＿＿＿＿＿＿。

雖然目前仍有不足，但未來將更加努力讓自己擁有＿＿＿＿＿＿＿＿＿的優點。

另一方面，我認爲我的缺點是＿＿＿＿＿＿＿＿＿＿＿＿＿＿＿。

我在做＿＿＿＿＿＿＿＿＿＿的時候，覺得自己很喜歡做這件事情，而且會覺得很有趣，也會非常投入。

我的價值觀認爲 ＿＿＿＿＿＿＿＿＿是非常重要的。

我最喜歡的顏色是＿＿＿＿＿色；最能代表我的顏色是＿＿＿＿＿＿＿＿色。而我覺得最能表現我、象徵我的單字是＿＿＿＿＿＿＿＿＿＿。

使命宣言的奇蹟

燈塔為海上航行者指引目標方向。
自我的使命宣言將為自己帶來智慧與勇氣。

「每個人都有可能掌握成功與幸福。只是方法不熟練，或是實現程度不足而已。」這是不久前出版的《孔炳浩自我經營筆記》一書中出現過的字句。

我經常說：「沒有無法達成的夢想。」因為你手中還握有七十年到八十年歲月以上的時間。在發現人類遺傳因子的基因工程發展之下，你將可以活到一百歲的高齡。與當今的爺爺、奶奶們完全不同的是，當你過了七十歲，甚至是八十歲的時候有可能還在尋找你的興趣與人生意義。也許你的生物學知識告訴你九十歲已經行動不便了，但未來的人們至少在六十歲、甚至七十歲都還可以工作。而你現在正站在人生的起跑點上，你正擁有無限的可能性。

如果想成爲不熟悉領域方面的專家的話，最少需要三年、最長五年的投資時間。如果想要取得博士學位、或是成爲某個領域的傑出人才，累積三年至五年的知識與技術便綽綽有餘。年逾九十歲依然能寫出感動全世界的書籍的管理大師—彼得．杜拉克（Peter Drucker）教授曾表示，他在三十歲以後才找到眞正的自己。在經歷過多種經驗後，他才能明確訂定目標，才算眞正地展開他的人生。他將人生六十年的時間分成每三年爲一單位，在每三年一單位的時間裡投入另一個全新領域的研究。簡單地計算，他可以成爲二十個不同領域的專家。

除此之外，對於「人間具有無限可能」這方面，我非常喜歡引用歌德（Johann Wolfgang von Goethe）的這一席話。

> 如果懷抱夢想就能達成某件事的話，那麼立刻開始去做吧！在你懷抱夢想以及開始一件全新事物的勇氣中，你的潛在能力以及奇蹟已經同時存在了。

爲了在現實中達成你的夢想、希望以及盼望，你的想法也好、談話也好、紀錄也好、行動也好，你在各方面的每一件事情都不能輕忽。當你未來在做任何事的時候，請將你發現到要如何做才能增加你的勇氣？有什麼力量可以支持容易鬆懈的自己？以及有哪些好方法能更有效率地完成事情呢？希望你能養成將這些發現與想法整理、紀錄下來的習慣。這樣將想法紀錄下來又稱爲「視覺化」（Visualize）。

如果使命只是在腦袋裡轉來轉去，絕對無法發揮任何助益。而是應該以「使命宣言」（mission statement）的型態實際發揮效益。使命宣言（也可稱做「自我使命宣言」）指的是將個人存在的理由清楚整理成字句。將你活在這世界上的理由做成紀錄就是使命宣言。

自我使命宣言，即使命宣言，可以說是包含一個人的人生目標和使命，指示生命的方向，並且代表一個人的遠見與其價値觀的一部個人憲法。寫出《奇蹟的使命宣言》的蘿莉・貝絲・瓊斯（Laurie Beth Jones）是這樣形容使命宣言的：

> 使命宣言是將個人或企業之所以存在的理由，用具體的文章公諸於世。這對如何在這社會上求生存極具實用性。使命宣言不但能指引人生的方向、開啓你人生航程的方向，並且能不斷地檢討與修正。使命宣言在你人生航程中，扮演提供你必要的基本方針的角色。使命宣言能具體地告訴你你眞正想要的是什麼、應該如何去完成這件

事、以後要成爲怎樣的人等等各種生命的課題，使命宣言將扮演強調及監督的重要功能。因此，一份明確又清楚的使命宣言將成爲你生命中，對你最有幫助的一位朋友。

因此，光會作夢的人以及能夠將美麗夢想實現的人，兩者之間的差異僅僅只像一張紙那麼薄。這一張紙的差異就在你能不能「用文字寫下具體的使命或目標」這樣的區別而已。無法用文字記載的目標不可能付諸行動，更別說是具體實現。在內心中一定要反覆地告訴自己一定會、也絕對會達成這個目標，如此強調確認之後，請務必將這個目標用文字記錄下來。

如果你想完成某件事情，那麼第一步就從寫出你自己的「使命宣言」這課題開始吧！

Think Note

思考小筆記

● 將能透過使命宣言可以得到的效果與優點，按照順序整理下來。

＿＿＿＿＿ → ＿＿＿＿＿ → ＿＿＿＿＿ → ＿＿＿＿＿ →

＿＿＿＿＿ →

使命宣言的助益

1 提供方向感及指引目的地
2 給予生存的力量
3 點燃生命的熱情
4 幫助用更有效率的方式做事
5 對於過程給予評價
6 能集中與統整未來的所有計畫
7 可以說服別人並提供幫助
8 對於所期待的事情能幫助讓人更加明確地瞭解

擬定使命宣言的四步驟

你的使命就是在人生的航程中找到自己的方向，並且扮演好燈塔的角色為自己指引未來。

根據你喜好的不同，使命宣言可以有各種不同的形式。使命宣言沒有一定的格式。可以很長、也可以很短，可以是一般的文章，也可以是一首詩、一首歌曲或是將來成爲知名的格言，使命宣言並沒有任何既定格式。

「我將來要做一個成功人士」、「我要當上一個明理的主管」、「我要賺很多錢」、「我將來要從事遊戲開發工作」以上這些當然也可以說是使命宣言的一種。然而光是這樣就夠了嗎？如果要當作決定你人生前途的重要藍圖、或是指南針，難道你不覺得這樣的宣言不太足夠嗎？

我們要從你人生中最細微的地方，一直放大到最遠的範圍，謹慎檢視所有的一切。不管任何事情，只要願意投注你的精神與心血，一定會爲你帶來最大的收穫。現在，你應該投注你的全心全意，開始試著擬定「我的使命宣言」。爲了擬出理想中的使命宣言，我們將進行四個步驟。每個步驟完成後再進行下一個步驟，最後整合起來，即能完成屬於你自己的「使命宣言」。

●步驟一：整理自己的夢想以及希望自己未來的模樣

你未來想被認爲是怎麼樣的一個人？你希望自己未來會是什麼模樣呢？試著將你對這兩個問題的答案整理成一個句子。

> 我，＿＿＿＿，在＿＿＿＿方面，爲了＿＿＿＿，我必須要＿＿＿＿才行。

舉例來說，不管我在做什麼事情，爲了追求完美我必須非常努力才行，那麼我就會是一個成功的企業家。這一句宣言不管你想在哪一種領域、做什麼事情、成爲什麼樣的人都能適用。

你在完成步驟一之後，接下來請試著想出一個廣告文案。如果你負責撰寫廣告文案，你會寫出什麼樣的文句呢？就如同「顧客至上」、「最完美的呈現」、「邁向成功」等商業廣告文案，不僅簡短有力、清楚明瞭，又十分具有號召力。以下就以我自己的使命宣言做爲例子：

「我，孔炳浩，希望自己能成爲傳達夢與希望、散發熱情與勇氣給所有人，以及能夠幫助大家做出正確選擇的一個具有最高影響力與智慧的人物。」

這是我的使命宣言的第一部分。當中有兩個清楚的目標，「爲了○○○」。爲了達成這個目標，希望自己成爲什麼樣的人。這也算是宣言的一種。

●步驟二：記下自己想從事的工作，以及其他想做的事情

你想從事什麼樣的工作？關於你想從事的工作，從以前到現在你可能改變過很多次心意。因此，你在這邊列出一個工作也好，或是將你放在心裡的幾個工作一起列出來也沒關

係。未來你大約將有五十年到六十年的漫長工作時間，所以也許你的第一份工作是做這個，第二份工作會改去做那個，你可以試著換成這樣的方式來思考。

不過，一開始你是無法從事每一項工作的。所以你最好先從最想做的工作開始做起。但是，如果你對這個工作很嚮往、對那份工作也很感興趣，就請試著替這些工作按照喜愛的順序編號。對很多種工作感興趣，也可以說是對生命充滿了好奇心。

除了職業之外，如果有你想學習的、或是你未來一定要做的工作，也請將這些事情記在你的使命宣言之中。藉由工作我們可以維持基本生計，並實現自我，除了職業之外，家庭、社會活動，以及日常生活中想要完成的內容，也請你一併記錄下來。如果職業以外的部分還不是很確定的話，先略過也沒有關係。

> 我想要從事＿＿＿＿＿的工作。在職業之外，家庭、日常生活、社會活動中，我也想從事＿＿＿＿＿的事情。

●步驟二：盡可能地為你真正想做的事情訂下行動原則

雖然每個人都有夢想與希望，也有自己想要從事的工作行業，然而這些夢想無法憑空獲得實現的。如果沒有充分奉獻出你生命中的三大元素——心血、汗水和眼淚，那麼你的人生將會一無所獲。你要爲自己的人生奉獻多少努力呢？

在前面章節中，你已經將你的優點與缺點記錄下來。有些人也許擁有勤勞的優點，但同時也有無法冷靜沈著的缺點。也有些人的優點是做事速度很快，卻也有散漫的缺點。

不論是誰都同時擁有優點和缺點。然而，問題並不在於你的缺點有多少，而是你能將優點發揮到什麼樣的程度，這才是眞正的重點。

現在，請試著訂下一些能讓自己更能發揮所長，也能彌補缺點的行動原則。爲自己定下許多行動原則也不錯。希望你能將提醒自己容易偷懶、懈怠的行動原則，一項一項按照順序寫下來。

爲了達成你的目標，你一定要改掉一些習慣。將你想要改掉這些習慣的積極行動，整理成爲「行動原則」。書寫的時候不要用否定句，盡量用肯定句來書寫。也就是將你的行動內容寫成「我要做什麼、什麼」，而不是「我不要做什麼、什麼」。

示範一

某個小朋友爲了強化自己的優點，並且彌補缺點，與父母一起訂出以下這些行動原則：

1 為了達成目標，每件事我都要全力以赴。

2 我要帶著愉快的心情以及好奇心去做每一件事情。

3 養成集中精神的習慣。

4 每天晚上睡覺之前，要紀錄「明天該做的事情」。

5 每天晚上睡覺之前，要反省並評價「今天做過的事情」。

6 再微小的事情我也要心存感謝，並且替其他人著想、為別人服務。

7 養成快樂地學習、學習在快樂之中的習慣。

示範二

請參考某個少年的行動原則：

1 堅信自己以及周圍的一切事物。

2 保持親切、有禮貌、尊敬他人的態度。

3 訂定可以達成的目標。
4 經常將目標放在心上。
5 不管再怎麼平常的事情，也不要視爲理所當然。
6 將對方的特徵視爲他所擁有的最大優點。
7 隨時提出問題。
8 爲了所有人的利益，每天都要努力。
9 要改變別人之前，先從改變自己開始。
10 坐而言不如起而行。
11 幫助比我不幸的人。
12 每天念一遍我的行動原則。

●步驟四：列出你的核心價值，將你的行動價值觀寫成文句。

先前你已經回答過「你認爲最重要的核心價值」。現在將你認爲最重要的價值，按照重要程度，將最少四個、最多十個價值放進你的使命宣言裡。價值代表你生活中想要追求的以及期盼擁有的。然而，你的價值並非一成不變，而會隨時有所調整，就如同不斷變化的季節一樣。朋友、金錢、興趣、知名人物等等，都有可能佔領你心中最核心的地位。有時候，原本的核心價值也有可能被其他價值取代。

不過，什麼是你的核心價值並不是最重要的。重要的是，在你心中一定要有讓你認眞思考、也很努力去遵守的一些價值觀念。這些價值觀念將明確地告訴你該朝哪一個方向前進，這是你人生最重要的方向盤。

> 我心中保有＿＿＿＿＿＿價值，幫助我堂堂正正地朝著我的目標一步步前進。

經過以上四個步驟，你終於完成了「我的使命宣言」。接下來就是如何將你的宣言變成具體的行動。現在我們還需要做一些小小的修正。

透過擬定使命宣言的過程，也再次重新確認過自己的使命。請記得將你的使命宣言貼在書桌前，也別忘記隨身攜帶你的使命宣言，時常拿出來提醒自己。

習慣跟著想法而來，而習慣將進而影響你的生活與未來。人類所具有的無限潛能，將不斷產生變化。所以當你將使命宣言植入你的潛在意識，目標也許會在你不注意的時候，於現實生活中落實成眞。

不過，上面按照步驟完成的使命宣言只是你初步的成果。你還必須將想法的改變過程記錄進去，才算眞正完成使命宣言。

使命宣言可以根據你的喜好不同，呈現出不同的型態、面貌。你可以改變你的文句、或是使用特定的文體，你可以用很簡潔的文字、或是隨你的創意添加任何詞句，屬於你自己的使命宣言將扮演指引你人生方向的重要角色。

史提芬·亞特本（Stephen Arterburn）指出，即使你的使命宣言沒有多偉大不凡，但是相較於沒有使命宣言的人，你已經領先他們一大步了。他再三強調：「那些活著卻沒有理想目標的人，是不會相信任何事情的；而那些不肯爲任何事情努力奮鬥的人，最後將會一事無成。」

爲了讓你更容易瞭解，以下將介紹其他人的使命宣言。當然，這些人的年紀和經驗都比你多上許多，你可以將他們的宣言當作參考，靈活運用在你自己的使命宣言裡。你將發現，雖然他們使用的文體或形式不盡相同，但是他們追求的使命、職業、其他有興趣的領域、活動、原則以及領悟等核心精神，都已涵括在宣言內容之中。使命宣言沒有所謂的對與錯。也許你可以參考別人的使命宣言，試著學習模仿，但最終你所完成的使命宣言一定是據實反應出內心渴望追求的理想。

沒有任何人能幫助你完成你的使命宣言，只有靠你自己的力量，才能眞正地描繪出專屬於你的光明前景。

示範一
史提芬．亞特本的使命宣言

我要努力帶領一個組織，幫助那些有毒癮以及精神障礙者找到他們新的人生道路，並且引領他們投入主的懷抱。

身爲一位作家、演說家，我希望我能提升我的專業能力，藉由這樣的努力增加我的收入。希望我的工作能確保我有足夠的經濟能力支付女兒的大學學費，以及退休後能和我的內人前往世界各地傳達教義。

在達成這些目標的同時，希望在我能成爲更有智慧的人，在音樂、繪畫，以及潛水領域中也能達到傑出的水準。我希望我能活得有智慧，而隨著年紀的增長，能結交更多優秀傑出的朋友。

我希望我做的每一件事情，都能讓我的家人感受到我對他們的愛，也能感受到他們對我的愛，讓我們家人之間更加團結。最後我要努力讓我的人生充滿寬容、同情、創意、忍耐與智慧。

示範二

凱文．強金斯（Kevin Jenkins）的使命宣言

我，凱文．強金斯要成為受愛戴的先生、父親以及忠誠的朋友。我希望自己成為我所居住的區域之中最受尊敬的不動產經紀人。我希望我的經濟能力足以供給家人所需要的一切。我希望自己能成為幫助人們做出他們人生中最重要的決定的引導者，也就是成為不動產仲介業者。並且希望至少能發行一本包含我所有見解的書籍。希望自己多參加演講或是研討會，未來能成立一間屬於自己的個人仲介公司。

我將以我對宗教的信仰作為我思考的指標以及做事的方向。即使我成功之後，我也將秉持我對正直的信念與堅持。

Think Note

思考小筆記

________的使命宣言。

我，________，在____________方面，爲了____________，我必須要________________________才行。

我未來想要從事________________的工作。並且，在職業之外，家庭、日常生活、社會活動中，我也想從事____________________的事情。

爲了達成我的夢想與希望，完成我的工作目標，我將秉持著我自己的行動原則，努力地過生活：

1 ____

2 ____

3 ____

4 ____

5 ____

6 ____

7 ____

我心中保有__________________________價値，這些價値將幫助我堂堂正正地朝著我的目標一步步前進。

目標宣言

投手在投手丘上奮力投球的姿勢，
就是我們必須擬出目標宣言的行動姿勢。

使命宣言不是訂定之後就擺在一旁而已，如何實際付諸行動是非常重要的問題。首先，希望你讓使命宣言成爲你生活中的一部分。唯有將使命宣言深入你的潛在意識，就如同在你心中種下成功的種子一般，這樣才能讓使命宣言眞正發揮價值。請把使命宣言放在最靠近你的每一個地方。最好是你坐在椅子上，一抬頭視線自然地就能接觸到的地方。

「用眼睛去看！」（視覺化！）

請你親自去實踐本書強調過無數次的方法。將使命宣言放在你讀書時視線自然所及的地方。每天早上開始全新一天的時候、晚上功課結束的時候，大聲宣讀你的使命宣言。透過眼睛去看將幫助你喚醒內心深處隱藏的無限可能。

當你在等公車或捷運的時候、心情不好的時候、沮喪的時候，以及需要勇氣的時候，你可以將你縮小影印好的使命宣言隨時拿出來激勵自己。只需短短幾秒鐘的時間，這樣的習慣卻能帶給你無比的勇氣與力量。

將使命宣言做成名片般大小，加上護貝當作書籤也是很好的方法。不過這樣做唯一的缺點就是，比較容易被其他朋友看見。但無論如何，上面的這些方法都是將你的使命宣言轉變成信念的重要過程。

另一種方法是將使命宣言影像化或圖片化。並非單純地唸出你的使命宣言，而是閉上眼睛在心中描繪出你的使命。在心中想像你想要成爲什麼樣子的人、想像你期盼自己未來變成什麼模樣。試著讓你自己的使命宣言如同一部美麗的電影般，在你心中反覆播放。在你自己的使命宣言中投入更多生命力量，並且和你的夢想進行更熱情的對談。這樣做，你將更能瞭解自己、更能掌握自己夢寐以求的未來方向……

你一定可以想像在足球比賽中，當球賽結束哨音響起，你同時踢進致勝一球的戲劇性情景。你也一定能想像在炎熱的暑假，你和父母親一同前往漁村或農村悠閒安逸地度假的畫面。而你也能在心中想像你進入理想學校，努力爲將來認眞打拚的模樣。所以，請試著打開你靈魂的眼睛，用你所有的想像將你使命宣言中的影像、甚至連最細微的地方都仔細地加以描繪。如此一來，你的使命將成為你生活中的一部分，也將在你的潛意識中佔領一席之地。

「如果你能在心中將期盼的事物生動地描繪出來，那麼你全身所有細胞都將會朝著達成目標的方向前進。」就如同亞里斯多德說過的，如果你能將使命宣言與你的想像力結合，那麼在心中產生的這股力量將激勵你邁向你理想的方向。然而，如果想要達成理想，光憑使命宣言是不夠的。爲了實現你偉大的夢想，首先就是訂出你的夢想實現計畫。以使命宣言爲基礎訂出具體的實現目標，將幫助你更明確地掌握你的夢想與希望，也能更加瞭解自己。而你的使命宣言也不僅只是一張宣言而已，而是具體落實你的理想與目標的最大原動力。

和訂定目標同樣重要的，就是管理目標的方法。雖然有許多種不同的方法，在這裡我想介紹的方法是以每一年爲單位立下目標，並努力地去達成目標。如果不以一年爲單位，也要以學期爲中心，以每六個月爲單位，設定自己的目標也是很好的方法。以多長的時間爲單位可以由你自己來決定。

不論用什麼樣的方式，訂出屬於你的「目標宣言」（objective statement）是非常重要的。你可以爲你的目標宣言命名爲「○○○幾年度的目標宣言」、或是「○○○幾年度第○學期的目標宣言」。在目標宣言上，將你計畫在這一年內想要達成的內容，依照重要程度整理記載下來。

在這裡，有一個你一定要牢記的重點。雪莉．卡特史考特（Cherie Carter-Scott）在《成功的法則》一書中提出這樣的建議：目標必須是具體的（Specific）、必須是可以預測的（Measurable）、有被實現的可能性（Attainable）、是眞實的（Realistic）、以及有一定時間限制的（Time-based）。爲了幫助你更容易記住這些重點，我們取每個單字的第一個字母，將這個方法又稱爲「SMART」法則。因此當你想要完成某一件事，而開始擬定計畫目標的時候，「SMART法則」將幫助你更清楚、更明確地訂定出具體的目標。

當你在訂定目標宣言的時候，請盡可能地具體而明確。計畫達成的目標，如果能更具體地用數字來表現，則更加明確。如果想要減肥，與其訂出「我要減到讓別人看起來覺得很瘦的程度」這樣的目標，倒不如「在幾月幾日之前，我要減重五公斤」這樣既明確又具體的計畫目標。而這樣的目標宣言也才能成爲你強大的支持力量。

現在，請試著將你的目標寫成「我想要○○○○」的句子。然而，不是所有的目標都一定要用數字來表現。只是如果你想要達成的目標，可以用數字量化的方式呈現的話，將可以讓你的目標顯得更加明確。

對照你的使命宣言，然後將你一年之內想要完成的事情一件一件整理、記錄在另一張紙上。不用特別在意順序方面的問題，只要將你想做的事情記錄下來就可以。然後將這些內容中可以合成同一個目標的，合併在一起；也可以直接刪除太過於瑣碎的小事。經過這樣的整理之後，再來決定目標重要程度的順序，重新排列成你的目標宣言。

於是現在在你眼前將會有兩個重要的宣言：一是「使命宣言」、另一個則是「目標宣言」。

就如同使命宣言一般，如果能將目標宣言靈活運用，甚至可以背誦出來的程度，將能幫助你實現夢想與目標，也能幫助你發現自己的潛能。

訂立目標能幫助你找到自己想要到達的地方，以及爲了達到目標自己還需要付出多少努力，就如同宣傳廣告一樣。在目標預定達成的最後一天，你可以對自己眞正實現了多少，自己給自己評分。

你有可能成功，也有可能會失敗。然而，當你無法在自己定下的時間內，達成你的目標，不代表你就是失敗的。這一點非常重要，請你千萬要記住。

有一個名爲「一四八／八〇五法則」。

愛迪生成功地發明電燈之前經歷過一四八次的失敗，萊特兄弟所發明的飛機在經過八〇五次失敗才終於順利地飛上天空。「一四八／八〇五法則」就是源自這兩個故事。

他們在無數次的失敗之後，並沒有因此就放棄。他們在失敗中分析失敗的原因，並且再接再厲重新開始挑戰，最後終於嚐到了成功甜美的滋味。

因此，即使你無法在計畫期間內完成你的目標，你也要找出無法完成的原因，並且再一次地向自己挑戰。從你能完成屬於你自己的目標宣言這件事看來，你已經充分得到了人生道路上必備的勇氣與力量了。

美國有線電視業者中最成功的代表是鮑伯．巴福德（Bob Buford），參考他在三十四歲時所定下的目標宣言對你應該也會有所啓發。

範例

鮑伯．巴福德的目標宣言

1 事業每年最少成長十%。

2 與我的太太琳達過著幸福的婚姻生活，直到死亡將我們分開之前，也要維持我們的婚姻生活。

3 我要衷心侍奉主。空閒的時間上教堂幫助其他人，與他人會談，善用上天給我的恩賜，花費使用在適時的地方，將一切榮耀歸給主。

4 幫助我的兒子羅斯建立自信心。希望自信心能幫助他解決任何事情，成爲他人生中最有力量的武器。身爲父親的我不要太看重他在學校的成績，也許他在網球上的表現也不是很優秀，我還是要以我的兒子爲榮、爲他感到驕傲。爲了達到這個目標，我要教導他幫助他擁有這樣的信念與自信心。

5 培養我在學生時代一直很欠缺的文學以及知識方面的素養。

6 我把錢花在什麼地方？以及我該賺多少錢才算足夠？把我不會用到的、不需要的錢用來投資。應該是什麼樣的投資呢？

Think Note

思考小筆記

______ 的 ______ 年度的目標宣言

1 ______

2 ______

3 ______

4 ______

5 ______

6 ______

7 ______

8 ______

9 ______

10 ______

今日必做事項清單

埋在你內心的那顆小小的、幼嫩的種子，
經過目標管理之後，將發芽茁壯成一株茂盛的大樹。

具有無限可能性的世界、未來……。爲了讓自己更明確地掌握未來，你完成了使命宣言以及目標宣言。誰都希望自己的未來既光明又燦爛。然而，通往燦爛未來的大門是否能順利開啓，取決於你要如何創造與運用現在、當下、今天、此刻這一瞬間的時間。

肯帕斯（Thomas A. Campas）曾經說過：

現在就是該做事的時候。現在就是該奮鬥的時候。現在就是該讓自己努力成爲偉人的時候。如果今天都不肯去做的話，那麼明天又怎麼會去行動呢？

大家都知道應該從今天的這一刻開始去行動、開始去創造自己夢想中的未來。然而，這件眾所皆知的事實在落實爲具體的行動上，卻並不是那麼容易。要如何找出更有效率的方法，的確是相當重要的。

我將這期間在行動實踐上試過最有效的方法介紹給大家。也許在你看來，這個方法沒什麼大不了，但是我敢保證在創造未來的行動上，絕對沒有比這個更好的了。

這個方法就是每天對自己進行目標管理。我希望將個人每天的目標管理定義成「先決定目標，然後投注所有精神盡全力去做，在一天即將結束的時候，對自己一整天下來目標達成的結果進行評估，並且重新考量有無更有效的方法。」

要養成目標管理的習慣可以說既簡單，但也相當困難。不過，一旦你養成了這個習慣，將爲你帶來意想不到的驚人成果。

目標管理（MBO: Management by Objectives），這個單字雖然看來艱深，但是請不要把它想像得太過於複雜。實際上就是很簡單地訂定計畫的意思。越簡單的東西通常越有深度，越簡單的東西通常具有更巨大的力量。

建議你使用這個方法。在睡覺之前，試著花五到十分鐘的時間，爲自己進行目標管理。如果你每天願意投資這短短的時間，這個投資將會爲你的未來帶來可觀的效果。

在這短短的時間裡，你先預想「明天一整天一定要做的事情」，你可以將這些事情命名爲「今日必做之事」（Things to Do）。然後從「今日必做之事」中一一檢查哪些事情已完成，哪些還在進行中，以及有哪些事甚至還沒有開始。

目標管理之中，最重要的核心就是紀錄、評估、反省，然後重新再來一次。

「今日必做之事」也就是將你原先記在腦袋裡、必須要做的事情具體整理而成的目錄。

想要知道我的「今日必做之事」筆記本的秘訣嗎？我使用寬約十公分、長約十四公分左右的小筆記本。在我的筆記本中沒有做分類，也沒有區分重要的或是不重要的事情，我就是將明天必須要做的事情一一地記錄在上面。

當你一開始這麼做的時候，不要去煩惱應該先從哪一件事情開始做起。當你養成習慣之後，自然而然地便會先從最重要的事情開始紀錄。

就像丟球的道理一樣，如果丟球的時候肩膀太過用力，反而會丟不好；在大眾面前發表意見的時候，如果很自然地表現自己的話，才能有更好的成效。所以你開始的第一步，不需要跨得太大。剛開始，只要將你腦袋中記得明天該做的事情照實寫出來就夠了。你的一天該如何運用，使用權當然在你自己身上。

過不久之後，你就會很快地區分出哪一件是必須先處理解決，哪一件事可以最後才做、哪件要緊急處理，哪一件可以慢慢做。透過積極目標管理，你會養成決定順序、緩急處理的習慣，你又將發現另一個全新的自己。

- 準備一本小筆記本。
- 筆記本封面上註明〈○○○今日必做之事〉，並且記上從哪年哪月開始的時間。
- 每晚睡覺之前，習慣性地花五到十分鐘左右的時間整理並做紀錄。
- 根據每件事情的完成程度〈完成的事項、未完成的事情〉分別打上不同的分數。
- 記下日期，思考明天該做的事情然後記錄下來。

請將筆記本的左右兩頁當作是一天的份量來記錄。左頁的最上方記下日期以及星期幾，底下是編號以及該做的事情內容，請從上而下依序地記載。右頁的空白地方直接空著就好。需要的時候可以拿來隨手記筆記。雖然準備明天該做的事情很重要，但是對於今天所做過的事情給予評價也非常重要。

請你在完成的事項編號上方，根據事情完成度打上分數。這樣做是爲了給予完成自訂目標的自己一些稱讚與鼓勵，可激勵自己再接再厲。因爲種種原因而無法完成的事情，可以寫上「進行中」或是打圈圈、畫三角形，按照你自己的規則在這些未完成的事情上做記號。透過這樣區別完成事項、未完成事項，以及評分的過程，你爲自己所做的每日目標管理，將讓你成爲一位誠實的行動實踐家。

Think Note

思考
小筆記

● 從今天開始一個禮拜的期間，試著訂出自己的「今日必做之事」。剛開始先用一張A4紙來做就好，將紙摺成四等分，一等分爲一天，前、後面都使用的話就能紀錄八天。請試著將自己的「今日必做之事」記錄下來。

__________的今日必做之事

日期：2005年5月18日（星期四）			日期：		
事項	結果	評價	事項	結果	評價
打掃房間	X	參加朋友生日，晚回家			

迎向光明未來

你寶貴的時光是無法重來一次的。
因此，你需要的是能夠幫助改變人生的魔法道具。

如果看錄影帶的時候出現讓你感動的畫面，通常這時候，你可以按下「倒帶」（rewind）鍵，重新一次慢慢回味這感人的鏡頭。然而，在人生這部電影裡，可沒有倒帶這個單字。每分、每秒、每個時刻流逝過後，就再也無法回頭重新來過。人生就像是一條沒有盡頭的單行道一樣，一旦走了進去，就再也無法回頭了。

有人將人們生活在無法回頭的人生比喻成：

人生就像是一本書。愚蠢的人往往只是馬馬虎虎地隨便翻翻；而聰明的人卻是用盡心力努力地閱讀。因爲他們知道人生這本書一輩子只能看一次。

在十幾歲的時候，二十幾歲似乎還是很久以後的事情；二十幾歲的時候，感覺三十幾歲還有一段遙遠的距離。對十幾歲、二十幾歲的人來說，相較之下，時間流逝的速度感覺是很緩慢的。然而到了三十歲、四十歲的時候，時間似乎變得十分無情，轉眼間立刻就消失無蹤。

現在的30世代、40世代，也許他們也和10世代的你們擁有相同的苦惱和類似的煩憂。如果問他們：「你對你以前學生時代最感後悔的是什麼事情?」大部分30世代以及40世代的人都會這樣回答：

「我很後悔那時候沒有活得更精彩一點、沒有更認眞地去做自己想做的事情。」

30世代、40世代的確是負擔最沈重的世代。他們肩膀上背負著全家人沈重的責任，不管是想做的事情也好、不想做的事情也好，都必須去做、去負起所有的責任……

他們偶爾會懷念起以前沒有家庭責任的時候，那時完全擁有屬於自己、可以開發自我的自由時光。那時候卻因爲不夠積極而沒有去做自己眞正想做的事情。

中年世代的人們覺得學生生活可貴的理由還不僅僅如此。因爲除此之外，在學生時代過得越是多采多姿的人，他們越有可能去從事自己想做的事情、去做自己喜歡的事情。也就是說，當你上了年紀之後，能勉強自己去做討厭事情的可能性也跟著降低。當然不是所有的人都這樣，然而當你錯過了可以接受教育的時機，將來想要挽回這樣的機會，就得付出好幾倍的時間和努力才行。

「爲了讓自己活得更有自信，讀書是其中最簡單的方法。」你的父母經常對你這樣說的理由是因爲他們知道，在現實社會中，如果錯過了受教育的機會，那麼你將來從事平凡、簡單工作的可能性就越大。而他們也很清楚，在現今多變的社會裡，如果沒有擁有特殊的才能或技術，要存活下去是相當不容易的事情。

當你到了三十、四十幾歲，回頭想起你現在這一段日子，希望你會出現這樣的想法：「那一段眞是我最寶貴也最珍惜的時光。」。請試著將本書介紹過的三種魔法道具：「使命宣言」、「目標宣言」、「今日必做之事」，變成你專屬的魔法法寶。其實，最珍貴的以及最有價值的往往就環繞在我們的周圍。也許這幾項事情看起來微不足道，然而，如果你能認眞地、用你的生命去具體實踐的話，那麼這些微小的事物將成爲你生命中最可貴的禮物。

Think Note

思考小筆記

● 充分地運用「使命宣言」、「目標宣言」、「今日必做之事」，讓我的人生過得更充實。讓我們一起再來複習這三個特別的魔法道具。

（帶領你踏上成功之路的三種魔法道具）

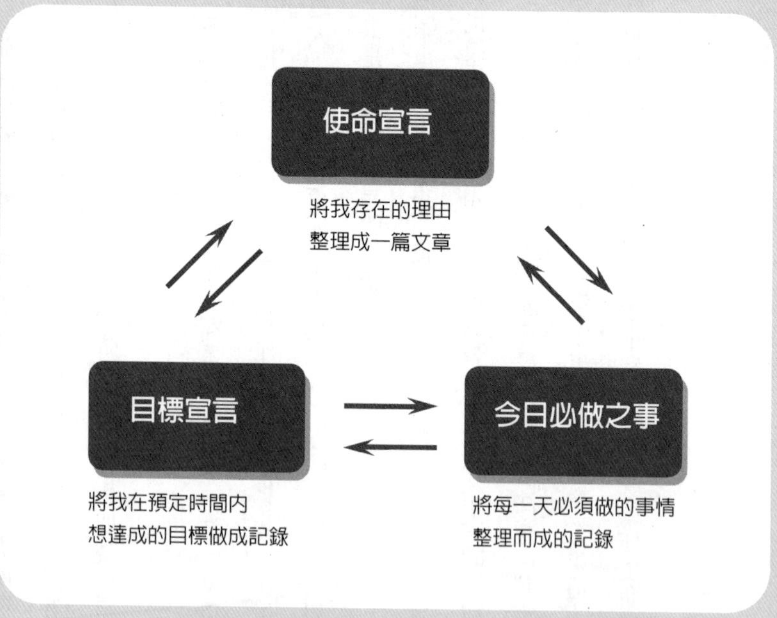

使命宣言
將我存在的理由
整理成一篇文章
目標宣言
將我在預定時間內
想達成的目標做成記錄
今日必做之事
將每一天必須做的事情
整理而成的記錄

關鍵想法

善用使命宣言、目標宣言、今日必做之事，一定能成功！

熱情與好奇心，以及你記錄下來的使命、目標與今日必做之事，將引領你踏上成功之路。因此，將你的夢想與希望記錄下來，勇敢地去實現它吧！

- 使命：是指引你該往哪裡去、以及告訴你該如何向前進的地圖和指南針。
- 目標：更明確地讓你知道你具體的使命是什麼。未來不是在過去，而是從今天開始去創造的。
- 今日必做之事：能幫助你每天朝著使命和目標的方向邁進。爲自己記錄、給自己打分數、並不斷地調整與修正自己做過的事。

成功的人不會在不必要的事情上浪費時間與努力。他們有一定要到達的目標。也有必須克服的種種障礙。成功的人們通常會將通往目標前進的途中，可能遭遇的危險、以及有可能得到的寶藏，時時牢記在心裡。想要成功的話，就去開發能激起自己熱情的使命吧！

——史提芬・亞特本（Stephen Arterburn）

03 我想成為了不起的專家

「學習生涯是爲你將來的獨立預作準備的階段。這裡所指的獨立，是指憑藉著自己的力量，在世界的舞台上，擁有經濟上的獨立。而想要經濟獨立自主，就必須先找到理想的職業。」

通往成功的道路是上坡路，因此，別想在速度上創下新紀錄。

——亞瑟・菲普斯（Arthur Phelps）

獨立

想鍛鍊自己的專才或技能，你需要勤勞不懈地努力。
而現在正是你的最佳時機。

自然界雖然也有動物是由父母親照顧。不過像人類這樣長期接受父母保護的情況還眞不多見。平均壽命不過十五至二十五年的獅子，在哺乳動物中已經算是保護子女時間最久的，小獅子讓父母親保護的時間大約也才三年而已。

反觀人類，幼稚園二年、小學六年、國中三年、高中三年、大學四年，光這些時間就長達十八年之久。從一出生，一直到能一個人獨立生活，需要花費如此漫長的時間與心力，當然還必須投注許多金錢費用。即使是就業，在還沒結婚、組成自己的家庭之前，依附著父母親生活的情況還是非常的多。

如此一來，你認爲大概什麼時候才能開始不依靠父母親、才能完全獨立自主呢？應該是在經濟上不再需要父母的幫助，而且能照料自己生活的時候。

要如何才能在經濟上獨立呢？當然是要先找到一份工作。

那麼，誰能給你工作呢？工作不是別人送給你的，而應該是由你自己去尋找。

學校畢業後，前往應徵工作的同時，你就會親身感受到現實的情況。你將發現，原來在學校所學習的種種，都是爲了這時的獨立所做的準備。養成良好品行、培育健康身心、優良的成績表現……這些都是預備讓你在離開父母懷抱之後，能夠靠著自己的力量去面對現實社會的種種挑戰，讓你預先做好獨立自主的過程。

高中或是大學剛畢業的你，爲了找尋第一份工作初次來到求職市場。這個市場又稱做「就業市場」（job market），也可以叫做「能力市場」（talent market）。

市場（market）永遠是由賣方（seller）跟買方（buyer）兩方所組成的。屬於販賣專才或技能的賣方的你，將你在學校生活中所學習培養出的專才或技能一項一項記錄在一兩張紙上。這個將自己具備的能力紀錄下來呈現給他人的文件，我們稱之爲「履歷」（resume）。

將個人資料、學歷、經歷事項、得獎經歷、外語或電腦使用能力等等，記載在履歷上是很普通的。在準備個人履歷的時候，必須將自己的優點與經驗簡潔有力、不造假、眞實地完整呈現才行。

許多人和你一樣帶著類似的履歷，同時間前往求職應徵。爲了爭取工作，你必須和這些和你一樣努力的人共同競爭。

既然競爭的人這麼多，需要人才的企業該如何從中挑選呢？企業絕對不會非得這些人不可。因爲，這些企業只需要具備他們所需之專才或技能的人才。

對他們而言，你爲了這份工作用了多少心血？或是你多麼渴望得到這份工作？這些都不是他們所關心的。他們只關心你是否具備他們欠缺的、企業亟需的專才或技能。換句話說，要想在市場上找到工作，就是要讓自己擁有眾多企業需要的才能、或是具有値得銷售的技術。

讓自己具備這些才能是你的責任。要你對自己的命運負責也許太過於沈重……不過，你現在應該充分瞭解這句話的意涵。

未來，求職的人將會越來越多，而願意提供正式工作職位的企業反倒越來越少。這樣一來，找工作的人多、提供工作機會的人少，就業市場的競爭勢必更加激烈。剛從學校畢業，但是卻無法就業的20世代、30世代「待業青年」人數將不可避免地向上攀升。

找到工作之後，你將與企業締結有形無形的契約。你必須把你的技術、才能以及時間提供給企業，而企業則將定期支付你定額薪水做爲報酬，你們將成爲共存共生的關係伙伴。

當你離開學校，踏入社會，你一定要牢記一個事實，那就是「天下沒有白吃的午餐」。職場上尤其如此。

「不用努力也能發財！」「沒有特殊專才或技術也有機會！」如果聽到類似這樣誘人的話語，請提醒自己甜言蜜語的背後可能隱藏著致命的危機、或是恐怖的陷阱，正等著誘惑你、陷害你，所以請不要輕易相信這些不可靠的言論。

當你踏進社會、預備就業的一瞬間，你就成爲一件商品。只有優良的產品以及銷售成績佳的商品，才能在市場裡受到青睞，成爲消費者最終的選擇，這是再當然不過的事情。

「我現在該做什麼準備呢？要如何才能在社會上生存呢？我是否具備値得銷售的專才和技能呢？」請不斷反問自己類似的問題。

眞正的獨立必須在你確切又充分地瞭解自己、看清自己，然後擁有完全的經濟自主能力之後才能達成。現在距離你必須獨立自主的時間，已經沒有想像中那麼多了。錯過獨立的最佳時機，以後就很難眞正獨立自主了。

請記住羅馬廣場大鐘下方的這段文字，努力讓自己成爲準備好迎向未來的人。

「生命若不是現在，那是何時？」

Think Note

思考小筆記

● 想像你正要準備一份履歷給你的主考官。你想表現出你擁有的優點以及經驗：

＿＿＿＿＿＿ 的使命宣言

我的未來履歷
1 姓名：
2 出生年月日：
我的家人：
3 我的學歷：
國小：
國中：
高中：
大學（理想大學）：
4 外語能力：
使用電腦的能力：
5 得獎紀錄：
6 興趣與專長：
7 我的才能：
8 我的技術：

我們的朋友——阿泰的選擇

你可以成為年薪千萬的人，
也可以成為年薪只有幾十萬的人。

年紀和你差不多的阿泰，沒犯過什麼錯，家裡經濟情況也還過得去，每天固定到加油站打工賺錢。

阿泰每天從清晨五點開始，一直工作到下午三點，工作十小時時薪五十元，阿泰每個月可以有將近一萬五千元的收入。

阿泰說他賺的錢可以讓他去逛電子商場、和女朋友約會，一部分存著將來買摩托車。簡單來說，阿泰的夢想就是可以很寬裕地使用自己賺來的錢。

雖然想做的事情很多、想完成的夢想也不少，不過阿泰卻沒有看清現實的情況。就現實生活而言，這一萬五千元實在太微小……如果眞要滿足所有願望，光靠打工賺進的收入，實在是太微不足道了…

另一方面，一樣用相同時間工作的人，也有人獲得我們想像不到的高額報酬。年薪高達數百萬的人大有人在。如果換算成時薪，這些人每小時約可賺進二千元，是阿泰打工時薪的三十～四十倍。而在國內，年薪高達三百萬元以上的人數正急速地攀升中，現在大約已超過二萬人。

這眞是讓人百思不解，爲何一樣的工作時數，薪資報酬會出現如此大的差異？簡單來說，時薪五十元的工作人人都能做；而年薪百萬或千萬的工作只有某些人才能做，是很難由其他人來取代的。

以美國職業別的收入差異爲例。在美國的麥當勞、漢堡王等速食店工作，時薪不過四至五美金。在工廠組裝電腦、或當褓母幫忙帶小孩之類的工作，報酬也不過才九美元多。

相反的，也有人賺取高額的報酬。一九八〇年代，美國大企業的最高經營者，也就是企業的大老闆們，所賺取的報酬是一般勞動者的四十倍。一九九〇年代，兩者的差異提高到八十五倍，而一九九〇年以後到最近幾年，這些大老闆平均收入高達一般勞動者薪資的四一九倍。經濟專家也預測，未來這個差距將持續地擴大。

人人都想擁有高收入。然而收入的高低並不是由自己決定的。如果你也想要成爲高薪一族，首先你得找出以下三個問題的答案才行。

- 你是否擁有市場需要的專才和技能？
- 你的專才或技能如果變換成有價商品或服務，能提供什麼貢獻？
- 你所具備的專才和技能，是否容易被其他人取代？

對於以上的問題無法明確回答的人，也就是只能從事人人都能做的工作的人，是難以向雇主提出要求的人。換句話說，沒有具備市場上需要之專才或技能的勞動者，將無法取得和雇主合理協商和議價的空間。

讓我們再來看看阿泰的例子。阿泰沒有任何特殊的才能。因此，他只能選擇一天工作十小時，月薪只有一萬五千元的工作。對於這樣的事實，阿泰目前也許還沒有什麼感觸，然而，爲了賺這一萬五千元，其實阿泰還付出了更高的代價。

阿泰不去上學而選擇去加油站工作，等於是放棄了他未來的所有可能性，以及得到更高報酬的機會。由於阿泰選擇打工賺取當前的這一萬五千元，因此他放棄了習得特別才能與技術，放棄了能讓自己未來賺取更高報酬，求取更好工作的機會。

阿泰選擇在當下打工賺錢，等於是放棄了父母讓他去學校學習的機會，也放棄了爲未來準備的機會。

事實上，阿泰只是沒想到他當前的選擇會對未來的自己造成這麼大的影響。

如果浪費當下的時間，將會受到影響的可不僅僅是現在而已。選擇了眼前的快樂，等於放棄了未來的所有可能。因此，在當下與未來兩者之中，你所做出的抉擇，將引領你走向截然不同的人生。

如果你選擇爲未來預先打好基礎、做好準備的話，請經常對自己提出這樣的疑問，並且努力找出答案：

「我所具備的才能很特別嗎？」「我是否非常努力地充實我自己的才能？」「我所具備的能力會受到顧客的喜愛嗎？」

Think Note
思考小筆記

● 經常思考「機會成本」(opportunity cost) 就能做出最好的選擇。機會成本的意思是：「爲了得到A而放棄其他的利益」。我喜歡看電視。然而爲了看電視的樂趣，我可能會失去一些東西：

1________________________________

2________________________________

3________________________________

● 韓國每年收入超過三百萬的人數，正急遽增加當中。

年薪三百萬以上的人數

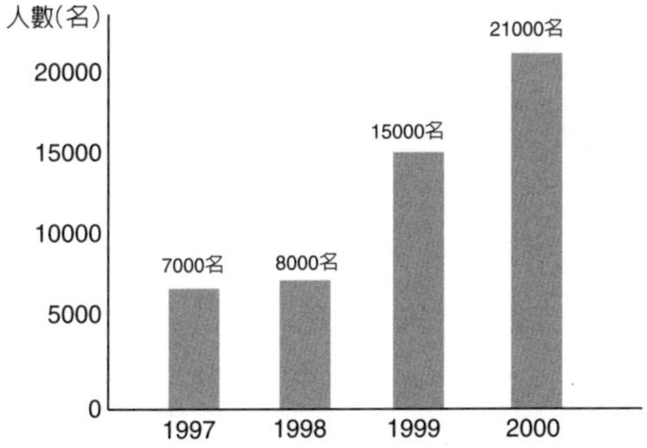

※資料出處：國稅局，二○○四年

學業與職業

每個人都想擁有理想的職業與優渥的待遇。充實的學校生活將是你光明、燦爛未來的第一步。

學業和職業有什麼關係？

到學校上課、學習知識是培養你具備專才與技能的階段。如果你擁有多數人沒有的才能，這對你將來的就業會很有幫助。話雖如此，並不是每一位品學兼優的模範生都能成功具備這種專屬才能。

能專注於課業學習的人，將來具備自己專屬才能的可能性是比較高的。然而，也有一些人雖然無法順利接受學校教育，但後來依然能有不凡的成就。我要強調的是，雖然也有這樣的可能性，但機率是比較低的。

根據韓國勞工部公開的〈工資結構基本統計〉資料顯示：大學畢業的薪資比高中畢業的所得薪資於一九九七年平均高出四十五．五％；一九九八年高出四十九％；一九九九年高出五十一．六％。

韓國IMF金融危機之後，薪資差距更爲擴大。在美國，相較於高中學歷，大學學歷支領的薪資大約多出六十五％。光從美國的資料看來，不同學歷的差別待遇將越來越大，其它大部分國家的情形也是如此。

未來社會將會轉變成以知識爲中心的專業時代。因此，這樣的差距將隨之擴大。等你到了三十歲、四十歲，不同學歷間的待遇差異將會比現在更大。

還記得我們上一篇文章中提過的阿泰嗎？阿泰選擇了從現在就開始打工，雖然他可以賺到一些錢，然而對他的影響卻不僅如此。我們需要記住的是，現在選擇去做某件事情，也就是代表你未來將會放棄某些事情。

在人生的旅途中，當你要做出重大決定時，請一定要謹愼考慮。並常常提醒自己：

- 所有的選擇都要付出代價。
- 選擇的代價就是得到某件事情時必須放棄的其它東西。

●正確地思考是否值得，然後才眞正地做下決定。

阿泰的決定會對他造成多久的影響呢？也許一年、也許兩年、也許他二十歲、三十歲的時候依然受到影響。也許到時候，比阿泰更年輕、比阿泰所求薪資更低廉的年輕人，將取代阿泰的工作地位。

到那時候，阿泰也沒有任何選擇機會了。不得不過著居無定所、沒有固定職業的生活。也許他會後悔自己浪費了過去的時光，然而他已經錯過可以習得一技之長的時機了。

一時錯誤的判斷可能成爲終身負擔。你必須做出正確、明智的選擇。你要如何將時間投資在現在和未來兩者之間，這是非常重要的。並且，正確掌握當下應該運用的時間，也是相當必要的。

我說過，能認眞專注於課業學習的人，將來培養出專屬才能的可能性是比較高的。認眞學習的人，將來工作上的選擇也會比較多樣化。如果你希望將來擁有理想的工作或是不錯的報酬，你就必須不斷用頭腦思考該如何創新、該如何開發別人未知的領域。

就如同我們提過的，好的創意及想像力能爲你帶來財富，因此，思考、創造以及學習的能力都是非常重要的。但這些並不是上天賜予你的。這些能力，必須經由讀、寫、運算等基本知識與基礎學問的學習過程，才能培養而成。思考能力與創造力之中，其中一部分是從未曾出現過的地方展露出來的。然而，我們絕大部分都是學習別人所創造出來的知識，或是模仿著他人的創意。我們希望經過模仿而創造出更新的東西。

我認爲創意的基礎在於你擁有的知識多寡。如果你想在某個領域中，製造出驚人的創舉，那麼你必須先瞭解在你之前的人們是用什麼方法來激發出創意。在學校裡學習過去和現在的知識是爲了替未來的創新、創意打下基礎。

你的想像力與創意的發揮空間有多大，將取決你知識倉庫裡有多少豐富的知識。

疫苗研究領域中有傑出成就的法國化學家路易士·巴斯德（Louis Pasteur）就曾說過：「只有長久苦心鑽研與準備的人，才能得到閃耀的豐碩成果。」

在子女教育領域成績斐然的日本專家七田眞也指出：

思考能力與創造力並不是從某一天早上才突然擁有的。思考力與創造力的基礎是從知識的學習開始。創意、發明、發現等等，是從我們輸入頭腦中的情報和知識中重新組合而來的。因此，擁有的資訊或知識數量越多、越廣，創造的可能性也就越高。想成爲具有非凡創意的人，必須具有非常紮實的基礎常識。

學校生活就是爲你奠定所有激發創意與思考能力的學識基礎。想要成功嗎？那麼你得更加努力用心去學習。

Think Note

思考小筆記

● 在我過去的選擇之中，曾經有讓我後悔過的事情：

1____

2____

3____

● 韓國勞工部網頁（http://www.molab.go.kr）中，可以找到更詳細的學歷別、產業別、年度別的薪資人口統計情形。我們可以從下表看出，二〇〇〇年大學學歷的收入，高出高中學歷收入的五〇．九%。

〈學歷別薪資結構統計〉

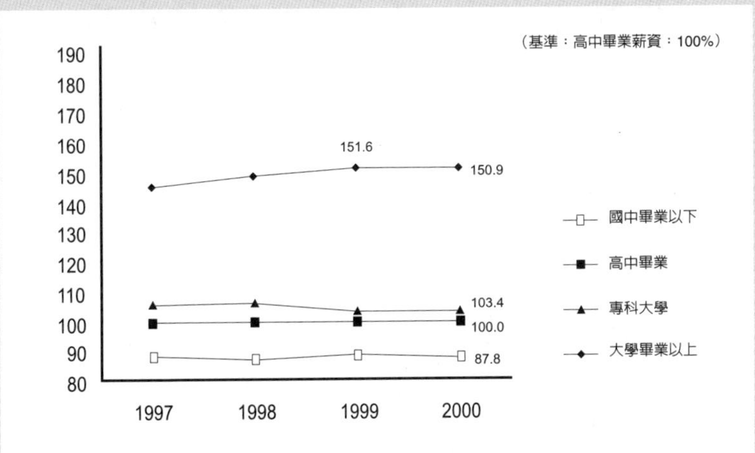

※ 資料出處：韓國勞工部，二〇〇一年

理想職業的選擇原則

名利雙收的明星們外表看來雖來光鮮亮麗，
但他們必須在超級激烈的競爭下脫穎而出才能生存。

國小時期的我是桌球選手。

我的桌球老師曾經不只一次地反覆提過：「我絕不會讓我的小孩當運動選手。因爲我非常瞭解要靠運動出人頭地是多不容易的事情。成功的機率實在是太渺小了。」

經過多年，我早已忘記老師曾說過的話。不過，當我向青少年朋友問起他們理想職業時，聽到許多青少年回答想成爲演藝人員，這我突然想起了這位老師。

爲什麼我會想突然起那位桌球老師呢？於是我開始思考，如果想把大眾喜愛的明星當做職業的話，究竟會是什麼情況。

演藝人員的生活看起來的確多采多姿。在華麗的燈光以及生動的音樂下成爲衆人目光的焦點，光是想像那樣的生活都覺得十分精彩。再加上，經濟方面又可以得到高額的報酬。

人活在這世界上，其中一個強烈的欲望就是希望自己能出名。能受到他人的肯定，同時又可以領取高額的報酬，應該沒有比這更吸引人的工作了吧。然而，演藝人員的生活裡，並非全都是光鮮亮麗的，黑暗、不爲人知的一面也同時存在其中。你對你羨慕的演藝人員瞭解多少呢？

現在演技最受到肯定的電影明星崔明秀，在他還默默無聞的時候，也曾經到處打零工，年收入僅十五萬韓圜左右。現在橫跨電影、連續劇、歌唱界的藝人林昌正，在尚未成名前，爲了過日子還必須兼當中華料理店的外送員，兼任影星李秉憲的「場道經理」(Road Manager)，吃過不少苦頭。英俊的演技派演員鄭宇成，爲了實現自己的夢想，也曾在餐廳裡跑腿當服務生。

這些演藝人員最終能在自己的領域闖出一片天地，能將自己過去的艱難經歷當作故事與社會大眾分享。然而，事實上有更多的演藝人員，以及立志成爲演藝人員的人們，也經歷過這樣的艱苦，只是還沒有機會發光發亮便消聲匿跡了。

在美國的情況也是大同小異。即使你在激烈競爭中脫穎而出，成功地成爲演員，不過大部分演員的薪水還是很低的。因此他們往往必須去餐廳兼差當服務生、或到工地打零工兼做副業。另一方面，具有高知名度的演員們年收入可達數千萬元到數億元不等。知名的女性搖滾歌手小甜甜布蘭妮年收入十四億五千萬元、知名籃球選手歐尼爾（Shaquille O'Neal）年收入九億元、世界名模泰拉班克斯（Tyra Banks）年收入高達二億元。

爲什麼有如此極端的情況出現呢？演藝界或是運動業界跟其他職業最大的不同在於——只有最優秀的、最頂尖的才能存活下來。人們只會對最優秀的演員、最頂尖的拳擊手以及最棒的歌手瘋狂、著迷。只要能親眼目睹麥克喬丹、或是歐尼爾等世界一流的籃球好手表演精湛球技，人們可以不惜任何代價去爭取這樣的機會。

知名藝人能賺取如此高的報酬還有另一個原因。那就是他們的市場顧客群相當龐大。演員、歌手，或是運動員，他們製造出的產品能夠同時間以十分低廉的費用提供給廣大的顧客。少則數萬名、多則數百萬或數千萬名以上的觀眾，透過家中的電視機便能收看連續劇的演出、音樂節目或是運動比賽。

然而，大部分其他職業是無法同時間擁有如此廣大的顧客群。醫師、教師、上班族等，他們所能提供服務的對象相當有限。因此在演藝界或運動界生存就必須成爲一等一的最頂尖人物，而在一般職業則沒有這個必要。

即使不是最頂尖的醫師、最棒的教師、一流的上班族，而是一般的醫師、教師，或上班族都能維持最基本的生活需求。當然，如果你是一流的醫師、教師、上班族，自然能比一般人賺取更高額的報酬，不過，平凡人也有充分能力可以滿足最低限度的基本需求。

夢想成爲受歡迎的演藝人士，就如同把自己的人生壓注在樂透彩一樣。因爲相較於其他行業，想在演藝圈成功的機率有如中頭獎一般困難。儘管事實如此，也並非要你別去夢想成爲演藝人員、更不是讓你放棄你的努力與希望。而是希望你能更清楚的掌握實際情況，正確判斷自己的才能與實力，幫助你做出最好、最適合你的選擇。

選擇自己的職業並不是跟著流行趨勢去做。選擇雖然只是一瞬間的事情，但卻能因此改變你整個人生。請好好記住以下幾個選擇職業的基本原則，愼重思考之後，再做出你最重要的選擇。

- 請確認你在這個領域中是否有才能。
- 請留意只有最頂尖才能生存的幾個行業。
- 想一想你可能會在這個工作停留多久。

- 請找出能幫助你成長的領域。
- 注意顧客群廣大的工作領域。
- 注意能讓顧客欣然付費的工作領域。

你要有心裡準備未來經常會面臨許多危險。而當面臨巨大危險時，請一定要謹慎思考之後，再做出你的選擇。在選擇你的職業之前，請不斷地反問自己，這個決定會不會是一窩蜂趕流行？我是不是被工作的外表或名聲所迷惑，而選擇一個跟我能力全然無關的工作？請明智地做出你正確的抉擇。

Think Note

思考小筆記

● 我的夢想是成爲＿＿＿＿＿＿＿＿＿＿＿＿。

不過在這個領域中，可能有的一些風險是：

1＿＿＿＿＿＿＿＿＿＿＿＿＿＿＿＿＿＿＿＿＿＿＿＿＿＿＿＿

2＿＿＿＿＿＿＿＿＿＿＿＿＿＿＿＿＿＿＿＿＿＿＿＿＿＿＿＿

3＿＿＿＿＿＿＿＿＿＿＿＿＿＿＿＿＿＿＿＿＿＿＿＿＿＿＿＿

● 在我夢想領域中，最成功的人是＿＿＿＿＿＿＿＿＿＿＿＿。

他成功的秘訣有：

1＿＿＿＿＿＿＿＿＿＿＿＿＿＿＿＿＿＿＿＿＿＿＿＿＿＿＿＿

2＿＿＿＿＿＿＿＿＿＿＿＿＿＿＿＿＿＿＿＿＿＿＿＿＿＿＿＿

3＿＿＿＿＿＿＿＿＿＿＿＿＿＿＿＿＿＿＿＿＿＿＿＿＿＿＿＿

降低風險、提高報酬

請及早培養對英文的興趣，
因為英文之中隱藏著「成功的遺傳因子」。

不管你將來選擇什麼樣的工作，在未來的準備工作中，英文確實是必備工具之一。你希望成爲飛翔在藍天高空中的老鷹，迎向遠方俯視遼闊的大地？還是想跟井底之蛙一樣，以爲頭頂上的天空就是世界的全部？英文就是你最好的答案。以下方法，能提供給想把英語當作好朋友的你一些幫助。

一、秉持你的新鮮感和好奇心看待英文

回想你拉著媽媽的手，頭一天上小學的情形。那時候，你對所有的一切都充滿新鮮與好奇。請用你那時積極、好奇的態度來對待英文。在你生活中出現的每一個英文單字、文章、對話、流行歌曲，請你都以新鮮好奇的態度去一探究竟。別將英文和考試劃上等號，反覆不斷地問你自己：「這句話爲何會這樣？」「那樣說代表什麼意思呢？」「眞的好有趣喔！」隨時帶著你的字典、大聲唸出來、勤勞地記下你所有的新發現。

二、將英文當作學習的快樂來源

你之所以認爲英語是一項負擔，主要是因爲你把英語當作必須背誦、必須熟記的對象。請不要這樣看待英文。而是要將英語當做瞭解、學習的快樂來源。在學校所學之外，請你將英語當作你喜歡的學習之一。如此一來，記憶英語將不再是你的義務，而是你的快樂泉源。

三、將英文寫進你的目標宣言之中

如果你抱持著做也好、不做也好的態度的話，那麼你的英語絕對無法進步。如果不下定決心，任何事情都難以達成。你應該將你的英語目標訂在最好、最棒、最完美的地方。當然，目標能否達成又是另外一回事。

四、越早開始學習英文越有利

年齡越小對學習英語當然是越有利的。有了年紀之後，要學習新的語文的確是較爲困難的。所以最好是儘早讓頭腦熟悉英語的思考，越早開始學習越有利。

五、將英文當作生活中的一部分

如果把英語當作是學校學習的其中一個科目是不行的。很自然地將英語當作是生活中的一部分。就如同每天起床刷牙洗臉一樣，將英語融入你每天的生活之中。

六、英文背誦的第一步是瞭解文法

雖然也有人說學習英文不需要文法。然而，要學習與熟練另一個不同的語言，再也沒有比先將語言構造正確地在腦袋中建構起來更重要的事了。選擇一個好的教材，從頭到尾仔細地熟記英語這個語言的結構，然後反覆地將文法結構完整地熟記下來。

七、試著將自己的喜好與英文的學習產生關連

電動玩具也好、流行歌曲也好、運動也好，請將你喜歡的事物很自然地和英語產生連

結。如果你喜歡朴贊浩（譯註：美國職棒大聯盟德州游騎兵韓籍投手）的話，有空的時候可以多閱讀知名的美國雜誌或報紙，從中找出與朴贊浩相關的新聞，甚至影印下來試著分析與瞭解文章的內容。也許剛開始不太容易，透過這個方法，經過搜尋自己感興趣的資訊，來提昇自己學習英語的動力。

八、一開始使用英漢字典，之後試著使用英英字典

再也沒有比用英語來學習英語更有成就感的了。一開始請多使用英漢字典，然後當你累積一定實力之後，可以試著使用英英字典。用英語來學習英語將能更快速地累積你的英語實力。

九、連同文章一起勤奮地背誦單字

有句話說「單字就是力量。」請盡可能地和文章一起將單字背下來。剛開始請由單字之中記下單字。如果能逐漸地從閱讀文章同時，養成記憶文字的習慣那就更好了。也就是藉由分析文章的內容，來背誦文章中出現的單字。反覆閱讀十次、二十次之後，整篇文章就能成爲你自己的了。

十、不斷地背誦好文章

完整地將課本裡的文章，或是翻譯成英文的好文章反覆背誦下來，這會是學習英語的好方法。因爲英語不是母語，想要讓英語像母語一般熟練，就必須要不斷地反覆背誦。背下許多好文章之後，將幫助你累積英語實力。

十一、將許多文章背下來是非常重要的

你可以選擇你感興趣的文章，或是雜誌裡的報導。在瞭解文章內容的時候，請耐心地將不認識的單字一個一個查出來。也許你可以猜出單字的大概，但爲了更完整地掌握文章內容，請用字典查出最正確的意思。經過從頭到尾徹底閱讀文章的過程，進而培養出掌握整篇文章核心意義的能力，這是非常重要的。當你如此徹底地閱讀過越多的文章，自然而然你就能熟知更多的英語單字與文法。

十二、英語聽力的捷徑就是背誦

請利用教學錄音帶將整篇課文背下來。藉由反覆閱讀、收聽，以及背誦整篇課文，進而提高你的英文聽力。除了課文之外，在網際網路先行瞭解新聞完整內容後練習收聽新聞

也是一個不錯的方法。喜歡流行歌曲的人也可以收聽英語流行歌曲、喜歡電影的人也可以看外國電影，在自己感興趣的領域裡，將能更有效率地提昇自己的英語聽力。

十三、經常瀏覽英文網站

直接到英語網站去找出你好奇的事情。透過搜尋網站，輸入關鍵字後蒐集所有相關資料。當然一開始會感到很吃力。但是只要你多練習幾次，你會變得越來越駕輕就熟。而且，你會發現在英語網站中所檢索出來的資料，比本國網站的檢索結果將多上許多倍。所以，儘量將你一半以上的上網時間用於瀏覽英文網站。

十四、透過電子郵件和世界各地的朋友聯繫

在以前，我們都是藉由和外國朋友通信來提升自己的英語能力。當時，一封寄到美國的郵件至少需要兩個星期。然而，現在可以即時傳送電子郵件。在friendfinder網站中（http://www.friendfinder.com）你可以找到你的外國筆友。請試著用電子郵件聯絡美國、英語、加拿大，或是日本筆友。

Think Note
思考
小筆記

● 我喜愛的英語網站有：

1________________________________

2________________________________

3________________________________

● 你可以在英語網站中搜尋到豐富多元的資訊。請參考以下這幾個不錯的網站：

〈圖書館〉

一網路公共圖書館（www.ipl.org）

〈雜誌與新聞〉

一紐約時報（www.nytimes.com）

一新聞週刊（www.msnbc.com）

一讀者文摘（www.rd.com）

〈電台〉

一CNN電台（www.cnn.com）

一BBC電台（www.bbsworld.com）

我們需要什麼樣的知識

你想成功嗎？想要得到理想的報酬嗎？
那麼你需要屬於你自己特有的知識。

相較於過去，使用頭腦的工作變得越來越重要。請想像一下生產物品的工廠，以前在工廠工作的人，只需像機器人一樣重複著將零件組合起來的動作就足夠了。然而，現在在生產現場上工作的人得不斷地絞盡腦汁，思考著如何降低生產的成本費用。

如今，大部分的工作已轉變成以活用多元知識爲主的工作。也因此，大部分的勞動者也轉變成爲知識工作者（knowledge worker）。

以我的大學同學K爲例。他大學畢業之後進入證券公司工作，過著和其他同事不同的生活。他注意觀察著證券業未來可能會產生的變化，讓自己投入於幫助企業在市場上求得資金。他因爲擁有這樣特殊的能力，因而有機會轉戰到國外企業工作。如今他在英國領取相當高的報酬，每隔一段期間就要與韓國公司簽訂契約，已經晉升到不同的位置。

他有一項和別人明顯不同的地方。他以自己優越的能力做爲武器，讓自己掌握到可以到國外就業的機會。而他現在成爲了知名且忙碌的社會人士。

不久前，我和流行業界知名的P社長會面。早期因家庭經濟困難，以致無法完成他的學業。他從購買衣料、縫製衣服的工廠開始做起。在他心中，始終懷抱著偉大夢想。那就是儘管家境不好，無法接受正規的學校教育，但他仍然在自己嚮往的領域中，努力累積足以換取好幾個博士學位的豐沛實力。後來，他終於開創了自己的事業，並且抱持著一定要成功的決心，努力奮鬥。當然他也曾經經歷過無數的艱辛與困難。然而，最後他終於成功地擁有好幾個知名品牌。他以自己先前在生產現場的實際經驗爲基礎，同時又能正確掌握到消費者的需求，成功地在流行業界佔有一席之地。

以上這兩個人雖然各在不同領域有傑出的表現，不過他有一個共通的成功因素，那就是成功地活用自己獨特的「知識」（knowledge）。

有的知識會在你大學畢業以後學習到、有的則是學校裡學不到、而是經由在工作現場的經驗得來的。不過最重要的是，要能瞭解並且提供滿足消費者的需求。

社會是冷酷的。不管從事哪種行業，你都必須擁有和其他人不同的、能凸顯自己特色的地方，才有機會在眾人之中脫穎而出。當你擁有更多顧客需要的獨特知識，你的身份與地位自然相對的也會跟著提升。當然，擁有這種知識，自然能有更高的薪資，賺進更多的收入。

想聽聽其他的例子嗎？創造出電腦視窗作業系統（Windows）的微軟公司，光是靠著這套作業系統便獲得了難以估計的鉅額財富。而Windows就是這家公司專屬的獨特知識。全世界約有三億台以上的電腦使用Windows作業系統。微軟公司甚至不需對顧客苦苦推銷，人們就選擇了Windows作業系統。

但是相反的，即使你的知識或技能在當前引起消費市場的共鳴，但也有可能隨著時光的流逝，而變成沒有用處的過時知識。在圖章廣爲使用的時候，製作圖章的技能將大受歡迎。以往人們習慣將手錶修理後繼續使用，修理手錶技術的能力也廣受好評。然而，隨著技術的進步，需要這些技術能力的顧客逐漸減少了。因此，萬一能夠運用到這些獨特技術的市場消失的話，擁有這些技術或知識的人便不得不面臨毫無市場的困境。

換句話說，你所具備的知識必須擁有廣大的需求市場才行。最近許多上班族苦惱的事情，就是自己所具備的知識正快速地變成沒用的東西。就如同比爾・蓋茲曾說過的世界正以「光的速度」不斷變化著。這樣看來，我們所學的、所瞭解的、所掌握的並不是從學校畢業後就告一段落，其實我們該學習的一切才剛剛開始而已。

隨著時代的變化，你的知識也必須跟上變化才行。因此，即使是從學校畢業之後，也必須不斷地努力以適應市場的變化。

那麼，你需要具備什麼樣的知識呢？你需要具備大多數人有的知識、也需要擁有不同於他人的、專屬於你自己的獨特知識，以及具有高附加價值的特殊知識。然而要滿足上面這幾項條件還真不是件簡單的事，所以關於自己準備的知識，你可以經常用以下的問題反問自己：

—我的知識是不是市場上許多人所需要的？
—我的知識未來會有什麼樣的變化？
—我的知識是否能繼續受到人們的喜愛呢？
—我的知識與其他人相較之下是不是有特別或不一樣的地方嗎？
—我的知識有可能製造成有價值的產品嗎？

除了非常特殊的情況外，大部分的物品與服務在市場上進行銷售與購買是市場經濟的特徵。賣方與買方透過市場進行交易。然而，我們目前所處的市場經濟裡並不是「條條大路通羅馬」（Road to Rome），而是「條條大路通市場」（Road to Market）。如果想在職業世界裡成功的話，就必須想辦法感動消費者。這就是成功的捷徑。

以補習業界爲例。在日本首屈一指的大學補習班，透過數位衛星，將授課內容同時傳送到日本全國各個地區。這位老師同時教授全國的高中數學課程，而他也成爲全日本最受歡迎的數學老師。這位老師年收入約有一百萬美金，換算成台幣約有三千萬元。他的收入是普通高中教師收入的十五到二十倍以上。

這位老師爲何如此受歡迎呢？當然一開始是非常重要的。因爲他能充分地滿足顧客的需求。也許也因爲他比其他數學教師更能準確地命中大學入學試題，同時更能簡單明瞭地爲同學們講解說明高難度的數學題目。

因此，這位老師的成功關鍵就在於他獨具的知識能力。他的知識正是學生們迫切需要的、也符合了顧客及市場的需求。

Think Note

思考小筆記

● 流行設計業界的名服裝設計師安得烈・金或是安哲洙社長，他們在自己的職業領域中都擁有必備的知識。未來我想從事的工作領域中，如果想要成功的話，必須具備的知識或能力為：

1 ____________________

2 ____________________

3 ____________________

● 請找出本年度最受歡迎的幾個商品。

1 ____________________

2 ____________________

3 ____________________

4 ____________________

● 最受歡迎的商品是__________，受歡迎的理由是：__________

知識經營的七大成功條件

要想成功，正確的知識經營是必要的。
勤奮的知識經營將能創造傑出的「自己」。

未來的時代將由具有多元知識的人主導一切。從現在開始，你必須開始準備讓自己具備這些知識。

洞悉市場的能力、瞭解顧客需求、滿足顧客需求的能力、有效率處理事情的能力、危機處理能力等等……

處在當今變化快速的時代中，隨時準備好學習吸收新知的心態十分重要。因爲只有當你用心做好面對一切的準備，當發生任何情況，你將擁有比別人領先一步的高成功機率。

現在已經不是Know-how的時代，而是Know-where的時代。換句話說，光是一直停留在已知的領域中是不行的。必須要擁有掌握並且找出自己需要知識方位的能力，同時能探究出別人的技巧並將其技巧轉換成自己全新的能力。處在求新求變的時代中，你需要的是這樣的能力。

未來你的知識將是左右你成功或失敗的最大關鍵。不輪讀書或是就業，都必須持續不斷地累積新知，你可以把自己想像成是一家公司，而你就是這家名爲「我自己的公司」的董事長。

董事長必須經常考慮這樣的問題：「要如何做才能讓公司成功呢？」。你必須經常思考應該如何管理好「我自己的公司」最貴重、也是最重要的資產——知識。養成這樣的習慣，將能幫助你成功地爲自己做好知識管理。

一、必須集中精神

有人問起擁有非凡記憶力的人祕訣在哪，他回答說：

「我只有一項特別的能力，那就是我的集中力。」

如果只是隨便敷衍地對待你的知識，知識將難以成爲你自己的。相信你也有過經驗，如果沒有集中精神學習，是不會有什麼效果的。不僅學校如此，即便就業之後，只要缺乏集中力，就無法創造出屬於自己的知識。任何一種知識，都需要經過高度的集中力，才能成爲你自己的知識。在就業市場中，那些成功人士大多是具備高度集中力的人。

二、培養興趣和嗜好

如果沒有興趣或嗜好，是很難創造出屬於自己的知識。你一定也很清楚在父母的要求下唸書學習，這樣的效果是非常差的。再沒有比你眞心地對某件事情要具有更高的學習效率了。在工作領域之中，也是相同的道理。將自己的工作視爲討厭的事、覺得自己是被迫的人也大有人在。不過，他們是無法成功的。這些人即使在工作崗位上待上數年，未來也不可能有任何的發展。

我經常對這樣的人說：「如果你認爲現在的工作很無趣、工作起來很沒勁、也沒興趣去學習新的東西，那就是你該換工作的時候了。」不論將來的你會從事什麼樣的工作，請你都要保持樂在工作的正確心態。

三、堅持到底的毅力

做每一件都秉持堅持到底的毅力，這是累積自己實力的人所需具備的重要習慣之一。

學習時如果沒有持續累積到達一定的程度，就不會有太大的成效。必須是經過勤勞地反覆複習，將自己的實力累積到一定水準之後，成績才會向上躍升。

「世界上再也沒有比毅力更貴重的東西，也沒有任何東西能夠取代毅力。即使擁有許多過人的才能，但到最後依然無法成功，那就是因爲他們欠缺了毅力。毅力與執著、加上努力，這些是人生最重要的養分。」請牢牢記住美國第三十任總統凱文・庫力吉〈Calvin Coolidge〉說過的這番話。

四、懷抱遠大夢想

千萬別將自己侷限在小範圍的夢想內。在你生命中，第一個需要丟掉的就是「適當的」這個字眼。不論你就學或就業，都應該朝著最好的、最棒的、最完美的方向，盡你一切的努力前進。

一個人的能力並非天生注定的。能力就如同橡皮筋，可以根據個人的努力和意志伸展成你意想不到的程度。請試著擴大提高自己的夢想目標。你漸漸就會發現當你全心投入某件事時，就會有全新的想法出現，你也會跟著有不同的成長。

五、積極的行動

你永遠將是「我自己」這部舞台戲的主角。除了你之外，任何人都無法成爲這部戲的主角。請拋開這樣的想法：「這是別人的事」、「我工作是爲了領演出費」。如此一來，你才能積極去面對所有的事情。如果你只是被動的話，你將會發現不管花費多少時間，你的成長還是相當有限。而知識的累積並不是看時間花的「量」有多少，而是取決於你付出時間的「質」的好壞。「讀書、就業這些都是我該做好的事，因爲這是我的人生、我是這齣戲唯一的主角。」用你積極進取的心態與想法去行動吧！

六、對任何事情抱持熱情

如果對所有的事情都抱持著愛做不做的心態，是不可能完成任何事情的。只有抱持熱情才能讓你的知識與實力發揮驚人的效果。什麼是熱情呢？就是「對任何事情抱持開心愉悅的態度。」你一定有專心地投入喜好的經驗，而這就是熱情。當你懷有一定要完成的強烈決心，就能發揮熱情的力量。熱情和幹勁是你獲得成功的秘密武器。帶著你的熱情，累積你的實力，你未來的潛力將不可限量。

七、將每件事情當作是學習的過程

人生的每一個瞬間都是學習的時間。不論你是在學習、工作，或是前往學校的途中，這些全都是你學習的人生過程。請你在學習與工作的過程中隨時保持愉快的心。你所要面對的事情，將根據你抱持的想法與態度而呈現出不同的面貌。請試著將所有的事情都當作是學習的過程，如此一來你的知識經營將往另一個更高的境界提升。

在以知識爲中心的社會，我們需要眞心誠意地接納新知，並且不斷地用腦、不斷地努力學習。快樂的學習成長在未來將成爲生活的重心。因此，在學生時代養成正確的學習態度，將成爲你漫長人生中最可靠的伙伴。

Think Note
思考
小筆記

- 知識經營的七項成功條件中，最適合我的是＿＿＿＿＿＿＿＿＿＿。
- 知識經營的七項成功條件中，我最缺乏的是＿＿＿＿＿＿＿＿＿＿。
- 知識經營的七項成功條件中，我最具備的是＿＿＿＿＿＿＿＿＿＿。

知識經營的七大成功條件

1 必須要集中精神

2 培養興趣和嗜好

3 堅持到底的毅力

4 懷抱遠大夢想

5 積極的行動

6 對任何事抱持熱情

7 將每件事情當作是學習的過程

事業日記的秘密

試著訓練自己將想法和念頭整理下來。
這樣的努力將有助於你未來的成功。

在現代社會中，必須想盡辦法努力和別人所有不同。也就是說，必須努力找出屬於個人的特色才行。

「獨特」就如同一部電梯，能載著你前往未來一個叫做成功的榮耀地位。

大家一定都聽過「班尼頓」（Benetton）這家公司。這家公司以其專屬的特性而成爲世界知名的服飾企業。班尼頓原本只是間製造毛衣的小公司的，在夕陽產業——纖維產業領域中，使用了其他人不願意使用而丟棄的原色毛線。

二次大戰後，服飾業界主流走復古風及穩重典雅的風格，然而班尼頓卻反其道而行，大膽使用色彩原色、提倡自然個人風格主義，成功地抓住消費者的目光。

班尼頓同時打破一般企業廣告向來以白人爲模特兒的慣例，不但啓用黑人、東方人、少數民族擔任模特兒，另一方面廣告內容更大膽呈現飢餓、車禍事故現場的場景。如此大膽創新的手法，使得班尼頓的年銷售額屢創新高，成爲世界流行業界的主導品牌。

如此說來，這樣的「獨特感」是從哪裡產生的呢？

創造出屬於自己獨特風格的基礎之一就是從學校學習而來的各種知識。透過這種學習機會，讓你熟悉最基礎的知識，而這樣的基礎能幫助你活用知識，創造出全新的事物。

雖然我們再三地強調職業的重要，也許在你看來，工作依然是十分遙遠的事情。然而，從學生時代開始，你就必須去思考應該如何創造出屬於你自己的特色。

爲了在英語、數學、國文等考試中有更好的表現，有許多地方可以幫助你學習到更多的知識。學校或補習班隨時能提供你這些知識。只要你將這些知識當作是自己的就可以。像這種透過言語、文字等方式，在人與人之間傳遞、交流，也就是型態上變成文字、書籍的知識，一般稱之爲「形式知」（scientific knowledge），或是所謂的「科學的知識」。

這裡「形式知」所指的是藉由文章，透過說明或是言語的方式輕易傳達的知識內容。英語的文法、數學的公式、科學的原理等等，大家很容易就能習得的這些知識都屬於形式知。

然而，分析解讀市場及顧客的能力，就不是任何人都可以教導你的。要透過言語或文字來傳達這種能力更是非常不容易。因此，專家們將這種難以用語言或具體的型態呈現出來的知識，稱之爲「內隱知識」（tacit knowledge）。例如手藝出眾的料理大師、或是掌握先機領先創業的企業家們，就屬於這種範疇。

「內隱知識」是難以經由學習得到的。當然，也沒有教導這種能力的學校或是補習班。這是必須自我領悟後才得以外顯的知識。分析解讀市場和顧客的能力，可以是一個想法、也可以是你的想像力。這種知識能力可以爲你創造出如同閃電般突如其來的各種機會。

「沒有老師、也沒有補習班，該怎麼學習啊？」別只是抱怨就輕言放棄，讓我們從現在開始試試看，你覺得如何呢？不過也不用太刻意另外著手準備，只要好好地享受你的學校生活就可以了。因爲你有可能在你所不知道的周圍，隨時發現新的機會。「哦，原來我也有這種能力啊！眞是不錯。」透過這種新的發現，會讓你更有自信。

從現在開始，把自己想像成是公司的董事長或是總裁（CEO）。準備一本大大的筆記本，在封面寫上〈○○○的事業日記〉。在那裡頭將你的想法、創意，以及觀察周遭的能力一一記錄下來。

你的頭腦就如同石蕊試紙一般，能將你看過的點子、想法吸收下來，你的腦袋就是你的知識倉庫。無論你是在等公車或捷運、去商店找尋商品、和朋友交談聊天，或是走在街上，都有可能讓你構想出一種全新的事業、如何降低顧客成本、如何讓顧客更加便利，以及提供顧客更開心的方法等等。每當你出現這些新的點子、念頭或想法時，請養成習慣將這些想法具體整理到你的事業日記。

你可以簡單地將你的點子素描下來，或是寫成文章都可以。不過一定要記下你這個想法出現的日期、時間和地點。然後將你的想法寫在左頁，右邊保持空白。在每個星期六下午或星期天，或是偶爾唸書唸累的時候，你可以帶著輕鬆的心情在右邊空白頁上，將你之前突發奇想、記錄在左頁的好點子，好好將你的想法與想像力重新整理在右邊的空白頁上。

這項作業也許無法立刻讓你感覺到它的價值。但是卻能幫助未來的你成爲卓越出眾的人。因爲這樣的練習和習慣，能幫助喚醒你抓到市場趨勢，以及掌握顧客需求的各種創意發想。

而在練習捕捉創意、突想的過程中，對周遭細微變化的注意力與敏感度也佔有非常重要的地位。在你高度注意周圍變化的時候，也許你會意外找到一個新的靈感。閉上雙眼想像、在腦海中勾勒影像、以及形象化的力量也能對你有所助益。有時候一些不同的想法也許可以組合成一個全新的概念。某個毫不相干的地方，又可以產生一個全新的想法。重要的是，你必須對周圍所有事物維持熱忱與關心。簡單看待十分複雜的事情，也有可能獲得難以想像的效果。而這些作業，將成爲你「個人專屬的特色」之中最重要的基礎。

你的能力必須有許多力量作爲基礎。而這些根基必須從現在就開始累積。並不是一定要像發明家嘗試許多實驗。但這樣的訓練能幫助你培養出創造性與想像力。

勇敢往前邁步去尋找好點子吧！經過一、二年的努力，你將成爲具備完整企業家精神（entrepreneurship）的年輕人。

對年輕的你而言，重要的不是該接受多少現有的東西，而是你是否具有創造新事物的能力。這樣的能力是可以經過反覆訓練培養出來的。因此，我相信這句話：「我們都是企業家」（We are all Entrepreneurs）。

誰具有企業家的才能呢？問題在於大部分人都沒想到要去開發這種才能。在職場裡，需要的不是將學到的東西照本宣科，而是需要獨立思考以及創造出與眾不同新事物的能力。

鹽野七生在《羅馬人的故事》裡指出：「文藝復興的遺產強烈堅持必須在精神上獨

立。換句話說，就是用自己的眼睛來看、用自己的頭腦去思考、用自己的語言或手勢表現出來，好傳達給其他人的生活方式。」這是將文藝復興精神眞正落實在生活當中。

讓自己成爲充滿動力、衝勁的人，只要配合你目前的學習就一定做得到。你必須在生活當中充分瞭解這個重要性，並且加以實踐。只要你勤勞地記下你的事業日記，幾年之後便能養成習慣找出屬於你自己的創意靈感，進而成爲與眾不同的人。而你也將成爲具有企業家精神的人。企業家精神是在危機和機會共存的時代裡，讓你能領先別人的生存秘技。

Think Note

思考小筆記

● 我曾經出現過一些全新的想法：「啊！如果能做出這種概念的東西應該很不錯…」「這個想法眞是太酷了…」

日期：
時間：
地點：
IDEA：

日期：
時間：
地點：
IDEA：

日期：
時間：
地點：
IDEA：

（左頁）

（右頁）

創業家？上班族？

豐富的知識和經驗能幫助我成為自己事業的主人，
也就是讓我成為創業家的基礎。

大部分的人將自己的勞力貢獻給某一公司或組織，每年、每月領取一定金額的薪水做為報酬，這是大多數人踏入社會選擇的第一步。然而，支領薪水的上班族生活也開始面臨改變。

過去，有許多人能在同一個職場一直工作到退休，與今日相較之下，職業環境穩定許多。不過，這樣的情況正逐漸減少當中。從這工作轉換到另一個工作的人越來越多，雇用市場呈現不安定的情況。這樣的趨勢繼續發展下去的話，未來年輕人更換工作的次數將比現在更爲頻繁。

相較於開創自己的事業，在公司上班的生活還是安定許多。因此在這段期間，大多數人不願冒著危險開創自己的事業，而寧願選擇安定的職場生活。尤其是擁有獨特知識的人們，滿足於安定職場工作的生活與報酬，因而不考慮開拓屬於自己的個人事業。

在這一方面，未來可能面臨衝擊的將是那些沒有特殊專才的大多數上班族。未來，企業之間將發生更激烈的競爭。全球性的變化也將直接影響到上班族現有的生活。企業爲降低人力成本的支出，無法滿足時代趨勢知識要求的高齡員工，將被願意接受低薪資成本的年輕人所取代。與過去相比，現在的職場生活將不再像以往具有高度的穩定性。儘管如此，大抵而言，到公司上班仍然比開創自己的事業還要安全些。

當你剛踏進社會開始工作時，你將面臨到必須經常思考這樣的問題：「我該如何做選擇呢？」。首先，爲了讓你具備個人特色，你一定要保持在隨時努力做準備的狀態。因爲只有你的「獨特」和「優秀」才能給予你充分的保護。

另一條路雖然風險較高，但也是你的另一項選擇。你可以利用你在職場上所得到的知識，開創屬於你自己的事業。這條路的危險性肯定比較高，而危險往往代表著不好的意思。

不過，一味追求穩定、安全的心態很可能變成一件危險的事情。與其持續地努力和你的上司老闆保持工作關係，還不如開始著手屬於你自己的事業，你覺得如何呢？你可以成爲你自己的雇主，也就是成爲你自己的主人（owner）。

要是你在職場工作的同時，出現「我一定要在什麼時候開始我自己的事業」這樣的決心，那麼你生活的態度與表現將大大的不同。你會將在職場中獲取的報酬當作是基本的資金。而你也會將在職場中經歷過的種種經驗當作是你學習的好機會。比起那些做任何事都馬虎隨便的人，凡事用心、認眞學習的人將成爲優秀的人才。

請將你在職場上的工作，想像成是可以一邊支領薪水，一邊又可以充分學習各種事物。這是多讓人高興的事情啊？

一旦你開始了自己的事業，不論所有大小事都絕對不可以馬虎隨便。從事自己事業的人，我們稱之爲「創業家」。在十六世紀以前，這個單字指的是收取一定代價前去戰場參加戰爭的人。也正如同這單字的原意，從事自己事業的人就如同上戰場參加戰爭，必須用自己的性命在戰場上與無數敵人廝殺，必須經過激烈的競爭才得以生存。

選擇存活下去的方式。你能憑藉你的知識能力繼續在職場上發揮。也能以你的知識能力爲基礎開創自己的事業。選擇哪一條路，決定權就在你自己手上。

Think Note

思考小筆記

- 我想在_______年之後，開始創業。
  屬於我的這家企業公司，我要取名為______________股份有限公司。

- 簡單介紹屬於我的_______________股份有限公司。

公司介紹

1 地址：

2 資金：

3 員工人數：

4 事業領域：

5 公司介紹：

職業的未來性

只有不斷接受未來變化、持續開發自己潛能的人才能站在最尖端的領先位置上。

許多人在畢業的時候經常會說出：「啊，再也不用讀書了」。然而普通大學畢業時大約才二十幾歲。即使只活到六十歲，仍然還有四十多年的時間必須學習呢。

平均壽命延長到九十歲的現代社會，一個人一輩子可能從事過好幾個工作，即使在同一個工作崗位上，也可能經歷過幾個不同的工作內容。

天氣炎熱的泰國或印尼，每年稻作二次。我們經常將這稱爲「二穫」。現在在生命裡二穫以上的時代來臨了。未來將自己生命安排有二穫、三穫、四穫的人將越來越多。像這樣不斷努力、認眞準備的人，未來將擁有和過去不能相比的多樣機會。

在變化快速、影響幅度深遠的時代裡，誰也無法百分之百準確地預測某個特定的行業將來會有什麼樣的變化。而且，屆時哪一個職業未來會轉變成最熱門的行業，現在誰也說不準。不過，未來變化的整體面貌是可以大略窺探的。我認爲未來的職業世界將會有以下十個特徵。希望這些職業的特徵能在你將來選擇職業的時候助你一臂之力。

一、超小型企業家人數增加。

以一至五名具有專業知識背景的人員組合而成的小型公司將日漸增加。這樣小規模的公司只需使用電腦、傳真機、印表機等低廉的生產工具，在家裡或在空間不大的辦公室便能營運。只需小資本的費用、以及小規模的人力便可以進入小規模的市場。小規模公司的特色在於他們具有獨特的專業知識，因此不需要像傳統的企業組織必須維持龐大的組織。隨著公司創立人價值觀的不同，既可以擴展成大規模的組織，也可以繼續維持小規模的營運狀態。

二、職業所需知識快速地變化。

知識工作者必須具備對變化的極度敏感與高度適應力。隨著市場變化速度的快慢，組織也要求組成成員具有更廣博的知識。預先做好準備是知識工作者的責任。「終身學習」、「永續學習」等概念，是知識工作者的必備要件之一。

三、知識工作者人數增加。

過去的工作者只需具有某一項技術或才能，就能在同一個職場持續工作下去。然而，未來的知識工作者必須具備多樣性的才能。在某一個領域成爲專家，同時嘗試不同的其他領域，向自己的可能性挑戰。而這正是未來知識工作者必須努力具備的能力。

四、不僅職業內的移動增加，不同職業之間的移動也會增加。

知識工作者在二～三年內，會就同一份工作上嘗試各種不同的經驗，同時藉以提昇自己的能力。不僅如此，不同職業之間轉換跑道的速度與頻率，也將快速向上攀升。不斷擴展自己能力的人轉換工作的次數將越來越多。

如果將過去的知識工作者比喻成農耕時期的話，那麼現在的知識工作者就是處於游牧民族時期。也就是說，這些具有特殊專才的專家，很容易就可以打包行李，前往自己願意前往的任何一個地方。不再受限於既定範疇內。

五、資本對於企業依然十分重要。

具有特殊專才的人對於企業的價值將越來越重要。未來的企業將連結成為具有個人化知識的世界。但是，儘管如此，資金對於一個企業的重要性依然沒有減弱。結果是，擁有珍貴知識的人們，相較於貢獻自己的力量給企業，反倒傾向於選擇自己開創事業。在以個人才能為主的時代裡，認為應該將專才貢獻給企業組織的人數將增加，而同時想要擁有個人獨創事業的傾向也會日趨明顯。

六、最珍貴、最有價值的資源就是人的知識，也就是才能。

才能可以說是獨特的知識之一。雇主和雇員之間的協議空間，取決於雇員所具備的知識，也就是他的才能是否容易由他人所取代。擁有特殊專才和技能的人，具有和以往無法比擬的主導權，也更能開創自己的世界。擁有自己專屬才能的人已經掌握了成功的契機。

七、根據專業的不同，所得的報酬差距將更大。

國家之內、產業之內、以及企業之內，薪水的差距將越來越大。擁有獨特專才知識的人能獲取豐厚的高報酬，而相形於沒有具備這種能力的人，兩者的差異將逐日擴大。對於這樣的不平等，也有抱持反感的人。然而，將所有人薪資公平化、同等化的國家、產業或是企業，將被排除於激烈的市場戰爭之外。

八、大企業的正職人數將持續地減少。

在企業中以正職身份工作的人數將越來越少。爲了在激烈的戰爭環境下生存，企業將不再支付固定的薪水，而是隨時調整的薪水金額。因此，企業將盡可能用最少的正職員工，以締結契約的約雇人員人數將大幅度地增加。工作者的所得變得更不固定，職業的穩定性也將隨之下降。

九、新的勞動方式出現

以大規模生產、大規模投資爲基礎的時代，指的是大企業的營運方式。不過，這樣的方式已逐漸在轉變當中。全新面貌的勞動方式，也就是獨立的知識工作者集團正在嶄露頭角。這些人不屬於任何一家公司，憑藉著自己專屬的才能、知識與時間，和企業締結合作契約。到目前爲止，約聘雇用是企業單純聘用勞動者時使用的方式；從現在開始，擁有獨特專才選擇以這樣的方式工作的人，已經搶得重要的一席地位。

十、對於職業的價值觀改變。

對於上班族而言，升遷是評斷成功與否的唯一基準。不過，從現在起，由自己來定義是否成功的人正逐漸增加當中。對他們而言，職業不僅僅是維持經濟的方式，同時更是一項興趣，是愉快和開心的來源。

因此他們總是抱持著：「該工作的時候就要好好工作。爲什麼不好好地樂在工作，讓自己得到更多樂趣呢？」

Think Note

思考小筆記

● 我苦惱著我該選擇哪一種適合我才能和能力的工作，於是我瀏覽了韓國直能能力開發院（www.krivet.re.kr）以及韓國產業能力協會（www.kmanet.co.kr）的網站。在那裡我找到各種工作的資訊。

職業名稱	特徵
視覺裝飾設計師	屬於感官上營造美感的工作者。在飯店或百貨公司從事視覺藝術裝飾工作的設計師。

研究自我

對你的職業，經常要「敞開心門」以及「嘗試各種可能性」，並全心投入。這同時，機會就會自動找上你。

想要好好地瞭解自己並不是件容易的事。不過，瞭解自己正是你該作的事情。自己擅長什麼？能做好什麼事情？自己喜歡什麼？討厭什麼？這些對自我的瞭解，是每個人都必須用心去做的。

請你回想看看，你幼稚園時期的夢想、小學時的夢想，以及現在的夢想是不是還是一樣……

也許隨著時間的改變，你喜歡的東西、想擁有的東西也跟著改變了。小學時的東西繼續使用到國、高中已經很困難了，國、高中時期的東西又如何在日後繼續使用呢？

你可能會問，既然想要從事的職業一直在改變，是否有必要從現在開始就對渴望的工作抱持熱情呢？即使渴望的工作有可能改變，但事先做好想法上的準備還是很重要的。願意努力為這個問題找尋答案的人，與不這麼做的人，兩者之間已存在很大的差距了。相較於不努力的人，努力的人瞭解自己真正擅長什麼、而且會去發掘自己喜歡什麼，這些人成功的機率就已經高過那些不肯努力的人。

至於未來你想從事什麼工作，我想勸你不要太早就下定論。「敞開心門」以及「嘗試各種可能性」對你是比較好的。不要因為太早下結論，就完全放棄機會去嘗試其他各種可能性。在你的心中對於所有新的事物，請經常保持著願意接受與嘗試的生活態度。要在這趟尋找最適合自己的職業的旅程中，你所抱持的態度和想法，將影響你前方未來的路途。因此對於周遭遇到的事情保持你的好奇心與求知慾是非常重要的。

想找出最適合自己的工作，會遇到幾個重大關頭。一開始，並不如預期馬上就可以找到百分之百符合心目中的理想職業。不論我從事哪一個工作、在這工作上可能會變得如何，都要盡最大的努力去做，這些努力將為你帶來其他的機會。

而在這裡，成功與失敗的人會產生明顯的差異。成功的人將這視為機會，而失敗的人當機會來臨時卻渾然不知。然後在那之後，才感嘆「啊！原來那時候是個好機會！」也有一些人連機會錯過了都還渾然不知。

美國著名的人類潛能開發大師——戴爾・卡內基是如此形容屢次錯過機會的人：

別放棄機會！這句話是人們永遠的教訓。然而人們因為不重視機會，所以連機會來了都不知道，機會沒來時只會不停地抱怨，而機會是會找上任何人的，只是他們自己不知道而已……

努力的人抓住機會的可能性高一點。因此為了抓住新的機會而會更加努力。這樣看來，不重視機會到來的人總是無法獲得機會。而努力的人，在掌握機會的過程中，一步步地向上成長，當某一天回首過去，才發現自己已經爬到很高的位置了。將偶然發生的機會連結起來，很有可能創造出一個你想像不到的大好良機……

就連管理學大師彼得・杜拉克也是到了三十歲才找到最適合自己的職業。我們就像彼得・杜拉克教授一樣，永遠無法得知我們最擅長的、最能滿足我們的職業是什麼。縱使能知道是什麼樣的工作，但也許不見得是最正確的。所以，請敞開你的心門，並不斷嘗試各種可能性吧！盡可能嘗試各種不同的經驗。這些經驗將幫助你更加瞭解自己、豐富你的生命。

「我擁有什麼樣的能力？我喜歡什麼樣的事情？我想被別人認爲是什麼樣的人？我做什麼事情能讓我解決我的生活問題，並且可以從中得到快樂呢？」請經常用以上的問題反問自己。機會是給予那些懇切追求、眞誠期盼、追求自我的人的。

藉由性向測驗以及性格測驗找出自我、瞭解自己眞正想要的東西是什麼，這會是幫助你瞭解自我的好方法。經由專家們以經驗爲基礎做出的問卷，對你尋找理想的職業也會很有幫助。

Think Note

思考小筆記

● 治療心理學學家約翰．何倫（John L. Holland）將人們對職業的態度分爲實際型、追求型、藝術型、社會型、企業型、傳統型等六類。

1 實際型：率直、誠實、謙虛、內省
土木技師、裝備師、操縱員、運動選手

2 追求型：冒險、辯論、分析、好奇心
科學家、醫生、物理學家、歷史學家

3 藝術型：想像力、感覺的、自由奔放、創意性
小說家、音樂家、設計師、詩人、演藝人員

4 社會型：親切、同理心、服務奉獻、圓滿的人際關係
教育家、護士、社會工作者

5 企業型：領導力、說服力、熱情的、外向的
經營家、政治家、營業社員、輿論人

6 傳統型：責任感、確切感、小心、計畫性
會計師、稅務人員、程式設計師、銀行員

我是屬於＿＿＿＿＿＿型。

關鍵想法

想要成功獨立的話，你需要一份理想的工作。

學生時代是你準備要從父母身邊獨立出來的時期。就如同照顧你是你父母的義務一樣，子女們也有自己的義務。那就是爲了獨立，你必須努力爲你自己的將來做好準備。如果想要擁有一份理想的工作，就必須不斷努力累積市場上需要的能力，並發揮你專屬的技能與知識。

盡一切可能懷抱遠大的志向，主動地、熱情地創造出屬於你自己的知識、技能。培養「瞭解市場趨勢」、「洞悉顧客需求」的能力，這將幫助你擁有更高的可能性。而這些知識不是任何人可以教你的。必須藉由你將你的想法記錄在你的企業日記中，反覆練習才能獲得的知識。做和別人一樣的事情，將無法期待自己擁有與眾不同的未來。請敞開你的心門，用心努力地尋找你未來理想的職業吧！

由我的經驗看來，技術可分爲創造力和勤奮這兩個部分。創造力是對於新的事物投以無限的關心和熱情，發現社會所需要的、人們想要的新東西的能力；而勤奮是在自己的領域中，不斷努力以達到非常熟練的程度。

——白永重會長《我用正直和誠實征服了美國》一書

04 我想成為真正的富翁

「你也能像比爾・蓋茲、喬治・索羅斯、布萊德比特一樣，擁有可以隨心所欲運用的財富。只要肯付出、肯努力，財富之門一定會爲你開啓。開啓這道門的麥得斯之手(能點物成金)，就是你自己的無限潛能。」

對金錢的執著造成這世界不幸的一半，沒錢的人則是不幸的另一半。

——美國諺語

錢、錢、錢

能讓人真正自由、
隨心所欲過生活的只有金錢。

你是否曾直接明白地談論過金錢方面的事情呢？就如同兩性問題一樣，大人們很少跟你談論到金錢方面的話題。金錢的觀念、如何成爲一個有錢人，這個社會並沒有很清楚明白地告訴你這些問題的重要性。

我想直率地和你談談有關於金錢方面的事情。不管你現在是不是已經爲了工作而離開家庭，在我和你一樣大的年紀時，也很少有人對我提及「金錢、財富」之類的話題。現在回想起來，眞正重要的問題在於我自己、我的父母親、以及我周圍的大人們灌輸給我金錢方面的觀念。

「我現在讀的書和金錢有什麼關係？」你也許從沒有想過這個問題，關於金錢這個話題也很少談論到。

我認爲對金錢的正確觀念，能越早建立越好。我們所居住的社會，也就是這個市場經濟之下，所有事物都是由給予和接受兩者交換形成的。你工作的代價就是支領薪水。然後你用這份薪水購買生活上的必需品，或是儲蓄爲未來做準備。而金錢幾乎等同於生命線一樣。你也已經很習慣對父母說：「我要買這個、那個，所以我需要多少錢。」因此，久而久之，你甚至會有這樣的想法出現：「只要跟父母親伸手，就可以得到錢了」。

然而，這世界上絕對沒有人平白無故就會給你錢。當然，除了你父母親、親戚們給你的零用錢之外，你要得到金錢一定就得付出某些代價。

看看今日的富翁們。許多富豪都是靠著自己的力量到達今天的地位。當然其中也有出生在富貴之家，從小就過著經濟富裕的人。雖然這樣的出身讓人很羨慕，然而不同的人會有不同的想法。

我有一個思考的重要原則。那就是自己要使用的金錢該由自己去賺取。只有這樣才懂得金錢得來不易。

曾聽過這樣的故事：

有一位很有錢的富翁。他什麼都不欠缺，日子過得幸福快樂，但他卻有一個煩惱。他唯一的兒子不但十分懶惰，而且還非常浪費。富翁心想雖然現在還有很多財產，但萬一自己死了，將遺產交給兒子的話，不用多久，家產就會被他敗光了。苦悶不已的富翁把兒子叫過來說：

「只要你用自己的本事賺回三十萬元，我就把所有的財產交給你。」

於是兒子很高興地出去，沒多久便帶回了三十萬元回家。事實上，這些錢是他向母親要來的。

從兒子手上接過這些錢的富翁，突然將錢全部丟進熾熱的火爐中。

「這不是你自己賺來的錢。」

於是兒子又跑去跟母親要錢，然後再次將要來的錢交給父親，而父親又再次將錢全部丟進火爐。後來他向親戚借來的、向朋友借來的錢也全是同樣的下場。

兒子沒辦法只好跑到工地去工作，好不容易賺回了三十萬元。他十分自豪地將這筆錢交給父親，沒想到父親依然將錢全數扔進火爐裡。大吃一驚的兒子，急忙地想將錢從火爐裡拿出來，他一邊哭著一邊說：

「爸爸，你太過份了，你知道我爲了賺這些錢吃了多少苦嗎？」

富翁這才終於露出笑容，說道：

「這個才是你眞正用汗水和血淚去賺回來的錢啊！」

比起直接使用父母的金錢，靠著自己勞力、心血賺回金錢的那份滿足是非常珍貴的。

你現在是否感受到金錢的力量？你一定曾經渴望擁有某樣東西。當你很想擁有某樣東西，但是卻沒有錢，你不免會有這樣的感嘆：「要是我有錢能夠買這項東西的話，那就好了……」。

錢到底是什麼？爲什麼每個人都想成爲有錢人呢？對於這個問題每個人都有不同的答案。生活中每件事都需要用錢，錢也能左右一個人的一舉一動……

不過如果有人問我覺得金錢是什麼，我會回答：「金錢代表自由。」金錢對你、對我而言都代表著自由。也就是說，它意味著你能自由地去做自己想做的事情。有錢的人不見得一定比沒錢的人幸福。但是，有錢的人比沒錢的人自由得多這卻是不變的事實。

在歐洲擁有七十多年經驗的投資專家安德烈・科斯托蘭尼（Andre Kostolany）曾經說過：「金錢讓我在不喜歡我的人面前、以及在我討厭的人面前，給予我充分的自由。」

金錢對你而言，也代表著「獨立」。想要獨立自主，就必須先能靠自己的力量去賺錢。還有什麼比自由和獨立自主更重要的嗎？

韓國從古老以前，就將「清貧」當作是一種美德；然而，現代適切地累積一定的財富才是健全的價值觀。因爲金錢能帶給我們自信和自我滿足，也是測量自我能力的基準之一。當然，清貧的確是一種美德。

自由、獨立自主、自信，以及自我成就，請閉上你的眼睛想像這幾個單字的意義。你可以想像有個人用雙腳站在大地上，面朝前方，一步一步昂首闊步、向前邁進的畫面。這就是金錢能帶給一個人可能的力量。

可惜的是，直到現在，不管是學校或是家庭都很少眞實地告訴你有關錢的事情。如果沒有適當地告訴你關於金錢的價值，或是幫助你建立金錢方面的觀念，你連懷抱夢想的時間和餘裕都沒有了。不過，你絕對不能向周圍的環境屈服，你一定要爲自己的自由、獨立、自信心，和你的驕傲負起全部的責任。也許你的父母親能提供些許的幫助，你人生的眞正答案還是必須由你自己去尋找。

Think Note

思考小筆記

● 我通常每個月的零用錢有＿＿＿＿＿＿＿＿元。

但是，我覺得＿＿＿＿＿元，才比較剛好。

我經常覺得零用錢不夠用。

覺得零用錢不夠用的時候

1＿＿＿＿＿＿＿＿＿＿＿＿＿＿＿＿＿＿＿＿＿＿＿＿＿＿＿＿

2＿＿＿＿＿＿＿＿＿＿＿＿＿＿＿＿＿＿＿＿＿＿＿＿＿＿＿＿

3＿＿＿＿＿＿＿＿＿＿＿＿＿＿＿＿＿＿＿＿＿＿＿＿＿＿＿＿

4＿＿＿＿＿＿＿＿＿＿＿＿＿＿＿＿＿＿＿＿＿＿＿＿＿＿＿＿

5＿＿＿＿＿＿＿＿＿＿＿＿＿＿＿＿＿＿＿＿＿＿＿＿＿＿＿＿

真正的富有

在「富有的目錄」上並非只有眼睛看得到的東西，
許多無形的有價之物也列在其中。

在英語的金錢是money，富有是wealth。我們經常在提到「富有」或是「富有的人」的時候，很容易聯想到「擁有很多錢、或是貨幣的人」。如此地將「富有」和「金錢」劃上等號的人不在少數。

不過，「真正的富有」、「永遠的富有」是由眼睛看得到的物質，以及眼睛所看不見的其他的價值所組成的。如果光擁有金錢，而缺乏眼睛所看不見的無形價值的話，是無法感到幸福的。人們不太容易意識到眼睛看不見的無形之物的價值。但是，在你個人的「富有目錄」裡，必須同時包含有形的金錢以及無形的有價之物才行。

看看下面這個有趣的例子。

專門從事品牌調查的國際品牌顧問Interbrand公司，每年定期公布全球最具影響力的品牌排行，將原先的「品牌價值」改爲「市場價值」來公布排行的結果。以可口可樂爲例，曾有一年Interbrand公司發表可口可樂的品牌價值達到七二五億美金。而這個數字不過是企業全部總資產的五十一％而已。也就是說可口可樂企業的資產目錄中，有五十一％以上是由眼睛看不見的無形價值所組成的。

如果你是聰明人的話，你會跳過看得見的東西，而將「眞正的富有」列進你的富有目錄之中。我曾經一度失業過，那時爲了重新站起來，我一邊努力一邊不斷思考著。

我將我工作時所失去的東西，以及我不工作會失去的東西，一樣一樣地記錄下來。我沒有特別去想些什麼，而是想著以前上班的時候，那時候「孔炳浩的眞正富有目錄」裡到底有些什麼。

然而，出乎我意料的，我擁有的大部分都是眼睛所看不見的價值。例如，遇到危機和困難時不會挫折的勇氣、對於生命認眞的態度、想要好好表現的熱情等等，我的富有目錄上記載了這些無形的價值。

於是，我有了這樣的想法：「失去工作之後的我，雖然領不到薪水，但是到目前爲止，我還算是一位擁有很多東西的富翁」。因此，我重新充滿勇氣，又重新站了起來。不管是誰，都可以想出屬於自己的「財富目錄」。而我認爲擁有以下十五項價值的人。才能稱做是「眞正的富有」。

一、積極正面的生活態度

好的生活態度能讓你擁有競爭力。就看你用什麼的態度來看待自己的人生。去掉你負面的、消極的態度，如果能以肯定、積極、進取的態度來面對生活，成功就已經在你的掌握之中。一個人的態度不是與生俱來的、也不是無法更改的，完全可以由你的意志自行決定。

二、熱情與永遠的好奇心

請以尊重、認眞的心態面對你的生命。如果能全心全意地投入生命的每一瞬間，並且欣然地面對所有事與物，如此的話，成功大門將會爲你敞開。

三、健康與好的習慣

健康的身心將是你一生最可靠的基礎。健康來自於良好的習慣。請小心別讓自己養成抽煙、酗酒等不良的習慣。請持續保持你年輕強壯、健康的體力。

四、信念與樂觀的態度

擁有不同的想法、信念、決心將創造出不同的風格。能完成被認爲不可能的事情，就是人定勝天、信心戰勝一切的最佳證明。

五、成熟的情緒

並不是每一天都是萬里無雲的大晴天。有微風輕拂的好天氣、當然也會出現烏雲密佈的暴風雨，儘管在惡劣的天氣裡，只要撐著忍耐過去，晴朗的好天氣又會再度來臨。你從痛苦與艱辛中忍耐所學習到的力量，將幫助你邁向成功與致富之路。

六、堅持與執著

世界上最困難的事情，就是戰勝自己。人生處處充滿了誘惑，我們的生活周遭充滿了大大小小、各種不同的誘惑。能戰勝自己、戰勝誘惑的人才能成爲人生的勝利者。

七、突破困難的勇氣和意志

有甘有苦、有困難有危機才算是眞正的人生。如果你人生的漫長道路中，盡是平坦、輕鬆的路途，那麼你將無法深刻感受到成就的樂趣。當面對困境時，你需要明智的耐心、忍耐的勇氣與堅強的意志力。

八、和諧的人際關係

我們必須和想法不一樣的人一起生活。在你的人際關係裡，首先要摒除的就是其他人是錯誤的、只有我是正確的想法。必須尊重每個人都是一個獨立的個體。

九、溫暖的心

人類不光只是利己的生物，透過利他的行爲，才能感受到眞正的幸福與快樂。經常抱持一顆熱情的心去看待周圍的一切。幫助別人能讓接受幫助的人，以及給予幫助的人同時感到快樂。

十、解讀市場的能力

這裡所指的是正確地掌握機會的能力。唯有能正確掌握世界脈動的人才能擁有領先的機會。掌握機會的能力並不是指創造或是發掘新事物的能力，而是要認清世界的趨勢與未來的走向。

十一、專業的知識

市場上所需要的專業知識將隨時改變。因此你有必要每天持續不斷地更新與維持你的專業知識能力。

十二、豐沛的人脈

「你最珍貴的資產就是你的人脈。」將你所認識的人建立成屬於你自己的人際關係網絡，並且努力去維持與經營。這個屬於你的人脈網日後將成爲你從事任何領域工作的重要基礎。

十三、個人品牌

現在不光只有企業重視品牌，你也需要思考如何建立起屬於自己的獨特品牌形象。從現在開始，將會是倡行個人品牌的時代。

十四、犧牲奉獻的家人

在這世界上，有一種人會因爲我的快樂而快樂，也會因爲我的悲傷而悲傷，那就是我們的家人。雖然我們經常忽略了我們的家人，但這世界上再也沒有比和諧的家庭生活更值得珍惜的。因爲有了爲我們犧牲奉獻的家人，我們的生命也因此變得更加豐富、更有意義。

十五、經濟的基礎

月收入、動產、不動產、銀行儲蓄……這些可以用手觸摸到的、眼睛看得見的通通算是你的資產項目。你的各種資產項目將帶給你安定與安全感。

Think Note

思考小筆記

● 真正的富有不是光是只有錢而已。對我而言，我的富有目錄裡擁有的是：

＿＿＿＿＿＿的真正富有目錄

1 ＿＿＿＿＿＿＿＿＿＿＿＿＿＿＿＿＿＿＿＿

2 ＿＿＿＿＿＿＿＿＿＿＿＿＿＿＿＿＿＿＿＿

3 ＿＿＿＿＿＿＿＿＿＿＿＿＿＿＿＿＿＿＿＿

4 ＿＿＿＿＿＿＿＿＿＿＿＿＿＿＿＿＿＿＿＿

5 ＿＿＿＿＿＿＿＿＿＿＿＿＿＿＿＿＿＿＿＿

6 ＿＿＿＿＿＿＿＿＿＿＿＿＿＿＿＿＿＿＿＿

7 ＿＿＿＿＿＿＿＿＿＿＿＿＿＿＿＿＿＿＿＿

「我」公司的最高經營者

就如同好的經營理念能帶領企業走向繁榮與興盛，
個人的「經營管理理念」能左右一個人的成功與失敗。

美國某大學的一項調查研究成果很有意思：

三％人口屬於非常富有的上流階層。

十％人口屬於生活優渥的中上階層。

六十％人口屬於勉強維持基本生活的平民階層。

二十七％人口屬於需要接受他人救濟而生存的貧民層級。

不僅美國社會如此，在大部分的國家社會裡，八十％以上的財富由全國人口十～二十

%所持有。而這種現象被稱做「80／20法則」。

社會學家從經濟層面上的分析又將這種現象稱之爲「兩個世界（two nations）現象」。也就是說，雖然生活在同一個國家，但富有的人和貧困的人就如同生活在兩個不同的世界似的，兩者所過的生活呈現出截然不同的面貌，就如同一個是住在富有的國度、另一個是生活在貧困匱乏的國家。

你想被歸入十～二十%最上層級的人口當中嗎？也許你現在不是其中一員，但是你有辦法提高可能性在未來被列入富有階級。只要你常常將自己想像成「我股份有限公司」的最高經營者。身爲公司最高經營決策者的你，自然必須決定公司裡的重要事項，也必須對所做出的決定負責。

一家公司一定要有個名字吧？取你自己的名字如何呢？以我爲例，我經營的公司名爲「孔炳浩管理經營研究所」，你也可以仿照取名爲「○○○公司」。你將自己想像成是一家公司，也就是創立了「You Incorporation」、或「你公司」。

想要創立公司，就必須有願意出資金投資的股東。你自己必須成爲擁有這家公司最多股權的大股東，對你成功有幫助的人則假想他們分別擁有部分股權。這些人可能你的父親、母親、兄弟姊妹或是朋友。

接著你結婚之後，你未來的太太或是先生、以及小孩們將陸續加入「你」這家公司。你擁有五十一％左右的股權，其他人按照對這家公司的重要程度分配到不同的股權比例。

從現在開始，你就是「○○○公司」眞正的最高經營者。那麼究竟什麼是經營呢？打點一家公司的大小事情就叫做經營。經營管理指的是個人、企業或國家，爲了達成追求的目標，用最有效率的方法靈活運用既有的多樣性資源（如時間、知識、金錢、健康等）。管理大師彼得．杜拉克對管理者的說法是：「管理者就是身爲變化社會環境（外部）中的一員，不斷地展望未來發展，具有一定使命感，能有效地組合、運用社會和企業內（內部）的有限資源（人力、物資、金錢、時間、資訊），提供社會（顧客）所需的產品與服務的人。」

因此，管理者必須經常思考與苦惱，爲了達成目標，要如何成功完美地運用現有的時間、知識以及健康等資源。簡單說來，就是不斷地尋找並努力地實現「如何投入最少的成本，以獲得最大的效益」（Less input, More output）這個觀念。管理者必須努力找出投入最少的成本以獲得最大利益的方法。身爲最高管理者的你，從現在開始就要努力讓自己具備「管理者之心」也就是「管理之心」。

現在最常苦惱你的事情應該是「如何才能有好的成績？要怎麼做才能有效運用每天清

晨及傍晚的時間？如何才不會浪費時間？我要如何保持我的身體健康狀況？」等等之類的問題。

經由這些煩惱、思考，以及具體去實現改變時間分配與運用的情形，就是經營管理時間的表現。也代表著，爲了讓自己成爲「人生」這家公司的最高經營者，你已經邁進奠定基礎的重要階段。

身爲最高經營者的你，必須經常思考該如何縮減不必要的浪費，以及用最有效的方法處理所有事情。當下以成績進步爲首要目標的你，爲了讓自己有更好的表現，你該如何運用安排時間？以及你又該採取哪一種讀書方法？這些都需要經過你仔細思考評量的。而且，一旦找到更好的方法，你應該即刻付諸實踐。如果發現周遭有人使用更好、更有效率的方法，也可以向別人學習、請教。將從別處學來的方法，吸收成爲自己的，這才是眞正的進步。

如果你當前的目標是想存一點積蓄，那麼減少支出，以及增加收入是必要的。只要你不購買不必要的東西就能做到的，也就是降低自己的欲望，這同時另外找尋可以增加自己收入的新管道。成功的企業家奇異總裁傑克・威爾契曾說過：「小商店的營運和大企業的運作是相同的」。我在這裡想補充的是，不管是小商店、大企業，還是自我的經營（自我經營），事實上經營管理的道理全都是一樣的。

從現在開始，請試著從經營者的眼光看世界。最高經營者不會埋怨、責備自己所處的環境。最高經營者會找出需要的環境，如果找不到則會想辦法去創造出來。

最高經營者不會看到雲中的雨，而是看到雲層背後的太陽。

如果想要成爲以讀書爲目標的最高經營者，光是被動地依靠學校或補習班是不行的。你必須藉由自己的力量努力找出更有效率的讀書方法。所以，請經常把自己想像成舞台上的主角，以主角的身份去思考、判斷、行動。

從這一刻開始，請努力讓自己成爲不依靠他人，而是能自我思考、自我判斷，以及自我行動的公司社長。如此一來，你才能算是「You Incorporation」、「你公司」的最高經營管理者。

Think Note

思考小筆記

● 願意無條件投資金錢和時間在「我」公司的人有以下幾位。
我計畫將我擁有的100股股票分配如下：

願意投資我的人	分配到的股票
媽媽	20股

投資、唸書與致富

為了將來的成功、財富、地位，
最佳選擇就是將你的時間和青春投資在教育學習上。

生活中必須做出許多選擇，也必須決定每件事的優先順序（priority）。根據選擇、排序的不同，人生的道路也跟著不同，因此做選擇的一瞬間，必須多加以思考才行。

你必須在當下的快樂和未來的收穫之間做出抉擇。上學唸書的時候也好、將來畢業後選擇就業也好，你我隨時會面臨無數個選擇，而現在的你，就正站在人生中最重要的十字路口。也就是選擇爲你自己投資教育與學識的重要一刻。

如果以「我股份有限公司」最高經營決策者的角度來看，讀書這件事，也就是上學這件事代表著什麼意義呢？唸書是「我股份有限公司」裡最重要的一項事業。然而並不會因爲現在的學習賺取到任何金錢報酬，所以學習只是一項單純的投資行爲。

而投資又是什麼呢？投資就是「爲了持續擁有未來的收入，以及創造出服務的潛在趨勢，因而支出必要的金錢或生產資源。」而能創造出「具潛力的趨勢」（potential flow）的資源我們又稱之爲「資產」（asset）。

在一無所有的情況下，是無法期待有任何收穫的。我們將可能在未來締造收入，或其他的，例如經驗、快樂、成就感、地位、權力等價値的泉源〈或根本稱之爲「資產」〉。資產不是憑空而來的。是必須先放下眼前的快樂和享受，先爲自己進行投資才能創造出屬於自己的資產。

創造資產就如同種樹。剛開始種樹的時候，必須先挖開泥土，種下樹根，然後不間斷地澆水、持續給予養分照料，這些努力就如同投資在個人身上的努力是絕對必要的。經過一段長時間之後，樹木將逐漸茁壯，長成一大片足以供人休憩用的樹蔭。又經過一段長時間，當初所種下的種子將結出好幾倍，不，是好幾十倍以上的果實，爲我們帶來豐盛的收穫。透過這樣的努力投資創造出資產的過程是非常重要的。

你在教育上付出的投資，會將現前犧牲的快樂和享受變成你未來的成功、理想的職業、名聲地位等，能爲你的人生帶來充實的果實。你現在正投資無比珍貴的青春時光。投資時要想取得好結果，你必須注意以下幾個事項：

一、投資的時機很重要

在人生當中你需要投資的領域也會隨著四季隨時變化著。一旦錯過了投資的時機，是沒有第二次機會的。不論何時，都有適合爲人生種下希望種子的時候。請經常牢記這句話：「隨時準備學習」。

二、投資是一項風險管理的行為

在投資之前你必須檢查投資的風險性如何？如果光以光鮮亮麗的外表、或是看起來很不錯的事情做爲考慮，恐怕不太保險。

三、投資不能跟著朋友起伏改變

朋友在你生命中扮演非常重要的角色。不過，即使再要好的朋友，也有可能因爲不同的情況而有所改變甚至分開。因此在不同情況下你會遇到不同的朋友。而你自己（self）應該成爲自己的中心，請仔細回想，每當你要做出人生重要決定的時候，你是否會隨著朋友的意見而搖擺不定、或是受當時的氣氛而改變你原先的想法……

四、大捨大得、不捨不得

要得到最珍貴的東西，就必須有心理準備可能會犧牲最珍貴的東西。有許多人不願意付出努力，而只想找尋通往成功的捷徑。只有那些肯付出最大努力的生命才會是人生中最大的成功禮物。

Think Note

思考小筆記

● 投資並不是很困難的事情。將十元儲蓄下來也算是投資。

● 如果我有一億元的話，我要分別在許多不同的地方投資：

我的投資計畫

1 股票：________________________元

2 不動產：______________________元

3 儲蓄：________________________元

4 保險：________________________元

5 現金：________________________元

光憑薪水無法成為富翁

你也能成為富翁。「投資ＩＱ、金融ＩＱ」這些等相關的概念靠著自己的力量就能培養。

美國知名投資人華倫．巴菲特（Warren Buffet）回顧他延攬哈佛大學教授共同合夥時說過的話：「光以哈佛大學教授是無法成爲富翁的。只有投資才能讓你致富。」這位教授後來接受巴菲特的建議，成爲他的投資伙伴，現在已經成爲一位富翁。

美國麻省理工學院經濟學者萊斯特．梭羅（Lester C. Thurow）對於致富之路是這麼說的：「光是將金錢積蓄下來是無法致富的。眞正的富者會捕捉住機會，在風險非常高的情況下進行投資。洛克斐勒如此，比爾．蓋茲也是如此。小心翼翼地存錢、只在穩定安全情況下投資的人，也許可以得到老年的穩定生活，但絕對不可能成爲富翁。」

他們一致地強調投資的重要。

安德烈·科斯托蘭尼(Andre Kostolany)指出人們有三個致富的方法：「第一、找到一個富有的配偶；第二、從事知名而有前途的事業項目；第三、投資。」

極少數的人因爲找到一個富有的配偶而致富。那就如同中樂透頭獎般機率非常低。這樣做和把自己的人生投注在一張彩券上沒什麼兩樣。我們在前面第三章中，已經充分介紹過如何從事知名的事業項目、創出自己的事業，以及如何爲你未來的事業做好準備。

不過，仍有一些人不知道哪些事業項目是可以讓人致富的。當今聞名全球的飲料可口可樂，最初創造人是美國亞特蘭大一位叫做約翰·潘伯頓（John Pemberton）的藥劑師。原本在製作某藥品的時候，意外調配出味道十分特殊的飲料。而這種使用了古柯葉（coke）和可樂果（cola）的飲料引起了人們的關注，另一個叫做阿沙·坎德勒（Asar Candler）的藥商以二三〇〇美金就向約翰·潘伯頓取得製作權與商標權。

而如今的可口可樂是怎樣的一家公司呢？

「全世界的人種可以分成四種人。分別是白人、黑人、黃人以及可口可樂愛好一族。」可口可樂已成爲掌握全世界消費者的知名公司。當初沒能預見可口可樂價值的藥商約翰·潘伯頓實在是太可惜了。

接下來，我們將一一說明投資能讓你致富的內容。請想像你十年之後的模樣。大部分人從學校畢業後，前往職場就業開始社會生活的第一步。進入職場的你，一剛開始忘情地享受那種能自由地花用自己所賺的金錢，想買什麼就買什麼的自由。以前在學校唸書的時候，多少考慮到家裡的情況，也能隨意向父母伸手要錢……因此，自己開始賺錢之後，你會出現「賺錢眞是辛苦的事」類似這樣的想法。

不過，另一方面，可以用自己所賺的錢去購買任何想要的東西，這甚至會讓你感到神奇。你很有可能會有一段期間沈迷於消費的快樂之中。你也將開始使用信用卡，他爲你帶來如阿拉丁神燈般神奇的感受，只要帶著一張小小的信用卡，就能讓你隨心所欲地購買任何想要的東西。

過了幾年之後，你也許會升職，薪水也跟著調漲。然而，你消費支出的增加速度總是快過於收入增加的速度。儘管如此，你還是快樂的。因爲每到發薪日，你就能支領到每個月的辛苦所得。

然而，從某一刻開始，你便陷入煩惱之中。當你的子女教育費用支出增加時，你便開始感到沈重的負擔。到了這個時候，你將會發現到你的經濟狀況已經有所改觀。

接受好的教育，成績表現優異並不能保證你未來一定會成功。我的父親如此訓勉我：

「認眞唸書有好的成績，從好的學校畢業之後，找份不錯的工作，認眞的過生活」。然而學校裡學到的只是全部智慧的一半。然而我就像大部分的人一樣，從學校畢業後就進入職場開始工作。對於「金錢應該如何管理？應該如何具體地投資？」這方面的教育可是從未學習過。

即使到了現在，你和你的朋友對於投資、對於會計等方面的知識還是相當欠缺。而這方面的知識並不能只靠老師或父母。

這方面的智能是需要經過實踐才能得到的，老師或父母親無法具體爲你說明。儘管如此，這些知識並不如想像中的困難。

「投資ＩＱ、金融ＩＱ」是能靠著自己的力量獨立培養而成的。但是，你必須對重要的事物保持高度關心。只要你秉持著關心和學習的決心，就能充分地習得相關的技巧。

有些事情可以在學校裡學到，有些則不然。管理金錢以及投資就是在學校裡難以習得的知識之一。而在實際生活裡卻是非常重要的。

但是應該如何培養這方面的知識呢？身爲「我股份有限公司」最高經營人的你，除了將唸書學習當作是內部的一項事業之外，同時也需要進行另一項事業，你最好爲自己設立一個名爲「金融事業部」的單位，幫助自己建立起這方面的知識。

在詳細介紹金融知識之前，先記下以下關於管理金錢、也就是使用金錢的原則與方法。

一、光憑良好的教育與優良的成績是無法致富的

薪水增加並不代表你的財富增加。因為隨著薪水的增加，稅金及開銷也會跟著增加。不管你在哪裡就業、也不管你領到多少薪水，薪水只能保障你一定的生活水準以及退休後的生活。

二、必須牢記管理使用金錢的金融相關知識

應該如何使用金錢？在投資的過程中應該如何管理風險？這些知識並非與生俱來。而金融方面的知識也不是從學校學來的。就像學習一項新的遊戲一樣，你必須對遊戲規則有一定的認識與瞭解。

三、老師與父母親不太容易幫助你擁有金融知識

也許你的師長或父母在金錢管理方面表現很傑出。不過他們在教導你這方面的知識

時，可能會過於小心謹慎。因此，即使你可以從父母親或師長身上得到一些幫助，這樣可能仍稍嫌不足。你還是必須找出最適合你自己的管理方式。

你也許想知道有沒有可以更具體地教導你這方面知識的參考書籍。不過，不僅是國內，連在國外出版的相關書籍中，要找到適合10世代年輕學子閱讀的參考用書也不太容易。

在這裡，我想介紹幾本對於想成爲優秀投資者的必讀書籍。依據不同的程度與需要，選擇適合自己的隨身攜帶加以熟讀瞭解。就以這些書籍當作你的基礎，從現在開始，累積你投資方面的知識資產吧！

1 博多．雪佛，《我十一歲就很有錢》，高寶
2 博多．雪佛，《經濟自由之路》
3 博多．雪佛，《女人有錢眞好》，平安文化
4 羅勃特．T．清崎，莎倫．L．萊希特／合著，《富爸爸，窮爸爸》，高寶
5 羅勃特．T．清崎，莎倫．L．萊希特／合著，《富爸爸的子女教育》，高寶

6 安德烈·科斯托蘭尼（Andre Kostolany）《一個投機者的告白》之證券心理學，商智文化

Think Note

思考小筆記

● 最近在青少年之間也掀起一陣學習金融知識的風潮。在網路上搜尋出幾個可以幫助青少年學習經濟金融知識的網站：

1________________________________

2________________________________

3________________________________

● 以青少年爲消費對象的金融商品種類越來越多。在網路上搜尋檢索出幾樣獨特的商品：

1________________________________

2________________________________

3________________________________

勤儉節約

管理與調整支出的能力，
能帶領你走向「致富之路」。

在我父母親那個時代，並沒能像現在幸運地接受完整的學校教育。雖然如此，他們卻非常明瞭致富的自然法則，比起我們他們要聰明多了。

我從小從父母親身上學習到節省的重要性。一直到我成爲兩個孩子的父親、必須扶養起整個家庭經濟的時候，我才領悟到：「原來節省是父母留給我最珍貴的遺產！」如果你想累積財富的話，第一步需要的是節省以及養成事事誠實面對的態度。

以下是一個可能對你很有幫助的故事：

一個非常窮困的青年向村莊裡最有錢的富翁請教要如何才能成爲一個富翁。於是富翁拿給青年一個吊桶，叫青年去井邊打水。富翁並且叫青年使用井邊的桶子裝水回來。結果如何呢？青年花了一整天打水，然而水桶仍然空空如也。青年後來才發現原來水桶底下破了個大洞。

第二天，青年再次去向富翁訴苦，富翁微笑著又再給青年一個吊桶。不過富翁這次給的吊桶有些裂痕，而且是只能裝一點點水的吊桶。

青年雖然心裡懷疑著：「這要裝到什麼時候才能裝滿啊？」不過仍然默默地照富翁的話去做。結果看起來似乎裝不滿水的水桶，到了傍晚還是裝了滿滿的一桶水。

這時富翁走到青年身旁，對他說：

「這個就是成爲富翁的秘訣。就像你裝滿滿的水一樣，就算你賺再多的錢，如果你的花費像上次破了大洞的水桶一樣，不管你怎麼做都無法成爲富翁。相反的，即使你像有缺陷的吊桶一樣，雖然只賺少少的錢，但只要秉持勤勞節儉的心態，一點小錢一樣能累積成大錢，你就一定可以成爲富翁。」

就如同這句話所說的：「大富翁是靠上天幫忙，小富翁則是靠節省和腳踏實地的態度。」，要成爲富翁，就必須從你生活態度做起。

前不久，我到美國出差途中前往費城。費城市內完整地保存許多具有歷史意義的遺物，例如發表獨立宣言的建築物等等。其中不能錯過的景點之一是富蘭克林(Benjamin Franklin)的墓地。富蘭克林出生於一七〇六年，他在十七個小孩的家裡排行第十五。他不但是社會改革家、科學家、文學家，也是企業家，他是歷史上知名的偉大人物之一。

前來參訪的遊客習慣在他的墓地上投擲一先令（penny）美金。每當人們回想起他的時候，心中浮現勤勉與節約這兩個美德。因爲富蘭克林正是「不受錢支配，但要過能支配錢的人生」的代表人物。

在他的自傳中有一則故事：

為了維持別人對我的信賴，以及維護我身爲企業家的名聲，我時時用勤勉與節約這兩個字提醒自己。並且不做違背我想法的事情，也避免使用誇大不需的裝飾或行頭。應該沒有人看過我出入過任何娛樂場所。而我對我的事業也會盡一切可能用心去經營。即使是一張紙我也會善加利用，這可以證明我對勤儉節約的重視。（中略）人們稱讚我是勤勉的，評價我是年輕有爲的代表。我所有花費支出都是有計畫的，因此在許多地方，雖然沒有很好的條件，但我總能過得很順利。

如果你想成爲富翁，並在經濟上獨立，你就必須減少想花錢的各種欲望。想成爲富翁的簡單眞理，就是一顆平穩、不受欲望影響的心。

幸福就像是一個中間呈現彎曲的細長狀氣球。想像氣球的一邊是幸福的空間、另一邊則是欲望的空間。原先抓住中間部分的手如果壓住氣球的欲望那一邊，那麼幸福的空間則會變大；相反地如果要讓欲望空間擴大，則必須壓縮幸福的空間，這就是人生的秘密。

儘量減少你的開銷，在現有情況下的支出，即使花得少也要懂得滿足……這些都是你累積財富的首要步驟。你一定要切記在心。

控制自己的消費支出不會是任何其他人的責任，而是你自己應該要做的。當你想購買某件東西的時候，尤其是價錢昂貴的物品，在購買之前，清楚列出非得買這樣東西的理由，這會是阻止你過度消費的好方法。

我強調過許多次，不論做任何事情，養成事先用紙筆記錄下來的習慣是非常重要的。未來當你想買任何東西時，試試看下面這個方法，你也許會得到不同的想法。

首先替要買的物品編號，並寫下購買的理由，然後試著將你想要購買的理由，比照看看應該屬於下面四個理由的哪一個。

一、是一定必要的東西嗎？

生活中必須的重要支出。

二、是必要的東西嗎？

雖然感覺很重要，但沒有也可以過日子的支出。

三、是如果有也好的東西嗎？

能讓生活更方便，但並不是一定需要的東西。

四、是如果沒有也可以的東西嗎？

是爲了炫耀、或是享樂的東西，是不必要的支出。

這就是「購買的法則」。如果你能將你的花費主要用在「一定必要的」、以及「必要的」

範圍，你就有餘錢可以儲蓄。透過養成這樣的習慣，等你長大之後，累積了一定的積蓄，你將擁有「有的話就更好」、甚至「浪費」等各方面的支出積蓄。

請試著讓自己養成習慣在購買某件東西之前，套用購買法則再判斷是否一定購買。如果不是屬於「一定必要的」或「必要的」範圍之內，請盡可能地克制自己不要購買。

無論是誰都曾有過類似的想法：「我爲什麼花這麼多錢買那樣的東西呢？」。所以，一旦你養成這樣的習慣之後，這將對你很有幫助。這樣的習慣能降低你購買之後後悔的機率。希望你能確切地瞭解人生就如同花錢一樣，先經過優先順序的考量後再付諸行動才是最明智的作法。

Think Note

思考小筆記

● 我現在非常想買＿＿＿＿＿＿＿＿＿＿。不過，根據下面的基準，我想再仔細考量看看再決定是否購買。

一、是一定必要的東西嗎？

生活中必須的重要支出。

二、是必要的東西嗎？

雖然感覺很重要，但沒有也可以過日子的支出

三、是如果有也好的東西嗎？

能讓生活更方便，並不是一定需要的東西

四、是如果沒有也可以的東西嗎？

是為了炫耀、或是享樂的東西，是不必要的支出

● 檢討之後的結果是屬於＿＿＿＿＿＿＿＿＿＿，

所以，我的決定是＿＿＿＿＿＿＿＿＿＿＿＿。

帳本的力量

記錄金錢支出情況的「帳本」，
裡頭藏有能讓你讀出經濟變化脈動的驚人秘密。

在美國唸書的時候，我的室友是一位中國人。這位中國室友在一本相本大小的記帳本上詳細地記載房租、電費、食物用品等各種經費的支出情形。當時的我將全部心力用在儘快取得博士學位，因此很難理解中國室友這樣的行爲。那時候我還有這種想法：「一個大男生對金錢幹嘛如此斤斤計較？光唸書時間都不夠用了，怎麼浪費時間去做這些事？」

然而，現在的我也有記帳的習慣。我的帳戶裡進來了多少錢？以及多少錢花在什麼地方？我一直到很後來才瞭解將這些記錄下來的重要性。

將金錢支出情形記錄下來所得到的效果，並非僅僅是節省花用而已。透過記帳的過程，最重要的是能讓你瞭解金錢的流動情形。

「在什麼時候、什麼地方，花了多少錢？這些錢是如何使用的？」透過記帳能幫助你記下這些細節。這樣的紀錄更能幫助你記下增加的所得是從何處而來？要如何在不必要的地方減少支出？以及節省下來的金錢以後該如何更有效率的運用？這些記錄也是你未來投資的重要基礎。

但是，經由記帳紀錄、檢查以及管理金錢的方法在學校是學不到的。大部分大學畢業的人，在管理金錢的表現上，成績都沒有達到及格的標準。

世界上許多富翁都是猶太人。猶太人教育中有許多篇幅就是教導金錢方面的管理。多位經濟上非常富裕，而且在金融界佔有重要地位的人士都是猶太人。猶太人這方面知識過人的理由可以在《猶太人的商業技巧》這本書中窺得一二：

從小開始教導經濟自立以及金融知識，是全世界最富有的民族——猶太人的傳統。替花園除草十美金、買報紙二美金，猶太人依據事情輕重的不同給予孩子不等的零用錢。不管哪個孩子來做都是一樣的金額。即使是自己的兒子也沒有例外。他們從小便開始培育經濟自主的能力。

從現在開始，別抱怨學校或是家庭沒有教導你這些相關知識，而是應該去找出你自己的道路。因此，爲自己準備一本記帳本，開始管理你的金錢。當然越早開始進行對你越有利。

首先用輕鬆的心情到文具店或書店買一本記帳本。記帳本的外頁上應該有寫著「帳本」字樣。打開帳本的第一頁，你會看見最上面一行標示著月、日、內容、收入金額、支出金額以及結餘等項目。而以下的地方則是按照日期即將要記載的內容。

雖然買回了記帳本，但還是不知道該如何下筆記錄嗎？不過，只要你記帳過一次，你就會發現記帳其實並沒有想像中的困難。

試著將你今天一天「得到哪些收入？在哪一些地方支出？最後結餘多少錢？」等等有條有理地記錄下來。

每一週的最後一天，或是每個月的最後一天結算你的收入和支出情形，並確認與你最後結餘的金錢是否吻合。

我希望你的父母親能定期給你固定的零用錢。碰到一些特別的開支，父母則另外給你特別零用金，然而，對於生活上的必要開銷，你和父母親最好能一起確認該需要多少的零用錢。

在我國，如果小孩願意以做家事的方式賺取零用錢，大部分的家長會回答：「如果有時間就多讀點書吧！」

而在美國，在領取零用錢的小孩中，有九十%是以幫忙做家事賺取零用金。比如說倒垃圾、除草、打掃家裡等工作，好換取幾塊錢美金做爲零用金。

換句話說，美國人對零用錢的定義是「做事情所得的代價」。對於這種方法，抱持著批判意見的人也不在少數。不過，從學習自立的角度來看，這樣的「實習教育」也是值得肯定的。

經濟學的第一項原理就是「動機、誘因（incentive）很重要。」這包含了很深的意涵。任何事情都有其利益的話，人們會更有動力去實行。父母親常以特別的零用錢或是到餐廳用餐作爲成績進步時的獎賞。這就是動機、獎賞的力量。如果你有十分想要擁有的東西，你就會加倍地努力讓自己的成績進步，好換取想要的東西。公司體系內爲了獎勵特別的表現，也投入獎賞分紅制度。動機、獎賞就是成果獎勵的概念。

爲了達成某件事情，儘管沒有任何獎賞、報酬，都應該盡力去達成。將這當作是一項遊戲去努力實踐也算是很不錯的方法。不過人們是追求成就感的動物，有高的獎賞，成就的欲望也會跟著提高。在某種刺激下盡全力去達成又何嘗不是一種幸福呢？

Think Note

思考小筆記

● 我想將今天一整天在哪裡花了多少錢，記錄整理下來。

支出內容	金 額
開特力飲料	30元
	元
	元
	元
合 計	元

● 在支出內容裡，如果我再慎重地考慮的話，我就不會花錢 ___________ 。

累積財富的第一步：就業

能接受高物價意味著經濟獨立的可能性，
也能預先為自己預備投資基金。

就業市場是競爭非常激烈的地方。特別是薪資高、受歡迎、前景看好的職業領域，競爭更是激烈。想要在可領取高報酬的地方工作，你就必須具有職場所要求的最高標準的專業知識與技能。

舉例來說，專門爲企業提供建議的國際知名諮詢公司，或是爲企業擔任諮詢顧問或進行法律訴訟的大型法律公司，也就是所謂律師事務所（law firm），在這些地方工作的薪水等級更是高得驚人。另外，薪水高低不僅隨著公司的規模大小有所差異，職業的種類，不同的職業類別薪水也截然不同。此外，私人機構的薪水報酬往往高於政府或公共部門機關的薪資。

你所希望領取的薪水是屬於哪一種等級？還有哪一些是屬於高薪的行業呢？美國的情況是根據你在大學主修科目的不同，薪水也有相當大的差異。目前就讀電腦工程、化學工程以及電子機械學科領域的薪資最高，其次是企業管理以及商學院領域。而語言或是歷史等人文學科的畢業生薪水則偏低。

韓國也好、美國也好，薪資是根據市場需求和供給情形來決定的。因此，市場供給少或是具有受歡迎的知識，薪資當然屬於偏高的一邊。換句話說，當你具備市場急需的才能，而市場上能滿足這種需求的人才又少之又少的話，你自然能獲取高額的薪資報酬。目前隨著數位技術的發展進步，電腦工程以及網際網路相關領域，都屬於最紅的熱門行業。

以下介紹一個發生在美國的故事。

這是美國最知名的哈佛大學某位教授的告白。這位教授在哈佛大學工作超過三十年以上。然而，連其他大學的畢業生的薪水收入都高過這位教授，這對他造成相當大的衝擊。

當然，從事學問研究能帶給他無比的滿足。然而就連剛剛就業的學生薪水，都高過已經從事數十年教職工作的自己，他對自己在數十年前下決定從事教職不免感到後悔。

一九六八年我大學剛畢業的時候，我放棄了律師、投資銀行等工作而選擇當一位大學教授。當時我以爲只是放棄一些收入而已，並認爲從事教職在精神上的所得能彌補經濟上的損失。然而從千禧年開始，大學教授和律師、投資銀行等職業的薪水差異呈現巨幅的差異。我有一位學生最近剛進紐約律師事務所工作，他的年收入與契約金加起來的所得，是今年已經五十三歲的終身教授年收入的兩倍以上。坦白說，如果一九六八年我大學畢業時有這樣的工作機會，我應該不會因爲精神上的收穫而放棄如此吸引人的收入。

光靠著薪水而致富的可能性不是很高。不過，如果能獲取較高的薪水，就能比其他人更早一步達成經濟上的獨立自主。而你的薪水支配中，請儘可能地減少支出，並將十至五十%的薪水每個月定期儲蓄。也許現在看起來是微不足道的小金額，但這些儲蓄的金額將成爲你未來投資的資金。這些你以前存下來的小資金，未來將讓你活躍於投資的新世界中。

Think Note

思考小筆記

● 透過相關求職網站可以得到關於薪水的實際資訊情報。能支領較高薪水的工作行業有：

1＿＿＿＿＿＿＿＿＿＿＿＿＿＿＿＿＿＿＿＿＿＿＿＿＿＿

2＿＿＿＿＿＿＿＿＿＿＿＿＿＿＿＿＿＿＿＿＿＿＿＿＿＿

3＿＿＿＿＿＿＿＿＿＿＿＿＿＿＿＿＿＿＿＿＿＿＿＿＿＿

● 上面這些職業薪水高的理由是：

1＿＿＿＿＿＿＿＿＿＿＿＿＿＿＿＿＿＿＿＿＿＿＿＿＿＿

2＿＿＿＿＿＿＿＿＿＿＿＿＿＿＿＿＿＿＿＿＿＿＿＿＿＿

3＿＿＿＿＿＿＿＿＿＿＿＿＿＿＿＿＿＿＿＿＿＿＿＿＿＿

上班族的生命與創業家的生命

上班族的生命是以收入為重心，
而創業家的生命則是以自己為生活中心。

就如前面我們提過的，在職場裡只有能發揮過人實力的人才能致富。這些人擁有你所無法想像的高收入。

Fila Korea 的允潤洙董事長的能力眾所皆知，年收入高達十八億韓圜以上。而且也是所有上班族們豔羨仿效的對象。

那些無法在組織或市場上成功地嶄露頭角的人，只能過著平凡上班族的生活，他們無法像允潤洙一樣支領高額薪資，成爲富翁的機率更是微乎其微。

而且在投資方面，因爲欠缺廣泛深入的知識，上班族的經濟總是被壓得喘不過氣來。

即使能夠升職，薪水的增加也相當有限，難以期待有大幅度的改善。

細看上班族的薪水明細，上面有國民年金、失業保險、醫療保險、所得稅、地方稅等許多徵收項目。雖然薪水也會隨著時間有所調漲，但是相對的，必須支付的稅金也跟著一起增加，最後手中眞正能使用的金錢並沒有增加多少。

我們經常說在職場上的工作是穩定的。如果陽光普照、萬里無雲的好天氣能一直持續下去，這樣的工作的確可以算是很穩定的。但是，一旦遇到颱風下雨、烏雲密佈，你就可能會發生嚴重的問題。萬一碰到被解雇或是裁員，首先就會面臨財務上的問題，更嚴重的話甚至會引發家庭危機。因爲一旦沒有了收入，孩子們的補習費、公寓的管理費、儲蓄、保險金、水電瓦斯費等固定支出都將接連發生問題。

正在閱讀這段文字的你，也許無法確切地感受到何謂經濟上的壓力。那是因爲你還沒有眞正地去煩惱過你的生活，所以很難理解箇中的辛苦與困難。

你是否也曾經覺得父母親就像你的自動提款機，每當你向他們要零用錢，他們就會給你所需的金額。除了少數的家庭之外，大部分的父母爲了平衡家庭每月收入與支出而必須付出相當大的努力。經濟上的壓力、辛苦，與煩憂是讓人感到非常勞累的。

除此之外，無法預期的支出，例如生病住院費、檢查費用等等問題，將讓經濟情況繼續出現赤字，在應付突發狀況的過程中，父母親的心理負擔也就更加沈重。不過，你其實也能分擔父母親的辛勞，只要減少你的開銷支出。目前，子女的補習費用幾乎都佔了家庭支出的大半部分。我認爲你需要做的不是孝道或是什麼了不起的大事。只要你在學校裡盡全力學習，替父母省去你需要補習的費用，這就是送給父母親再好不過的禮物了。

我工作越多年，就越能瞭解光是用薪水是不足以應付生活所需的。也因此，我認爲光是領薪水絕對不會是穩定妥當的。因此，我開始思考會以什麼樣的理由離開公司？未來自己的生存方向又會在哪裡……等等問題。這些生存能力都代表著一個人所擁有的財富。

不管是社會的變化也好，還是個人的人生規劃也好，沒有人是一定不會離開職場的。即使你未來在職場上工作，請經常不斷地詢問自己：「如果我離開了工作，沒有任何人的幫助，我能支撐多久時間呢？」是三個月？六個月？還是一年？爲了讓這段期間更長一些，你必須經常思考這方面的問題。經過這樣不斷思考的過程，不管你從事哪一份工作，這樣的思考過程不只是你人生短期內的解決方案，更能變成你人生中長期的基本生活方式。

但是，你也需要幫助自己儲存可以應對未來的資產。當然，一旦失敗的話，相較於職場生活，可能必須支付更大的費用，以及失去更多的東西。不過你可以試著這樣想：「在瞬息萬變的時代中進行自己的事業是件危險的事。但是如果實力潛能夠的話，反而更能比別人抓住難得的機會……」

要保障人生的安全，你有必要盡可能地降低你對薪水的依賴，並且努力去創造出自己的資產。薪水的決定權掌握在別人手上，隨時都有可能被中斷。如果這樣的話，我的命運以及全家庭的幸福就得看別人的臉色。而自己的資產能隨時爲自己帶來收入。不管颱風還是下雨，隨時都能爲自己帶來收入的只有你眞正的資產。

羅勃特・T・清崎是這樣形容眞正的資產：

1 不需要我也可以進行的事業，雖然我是主人，但卻是由別人營運與管理的事業。如果一定需要我在那裡工作的話，這就不算是事業而只是我的工作。

2 股票

3 證券

4 共同資金

5 創造收益的不動產

6 匯票或債券

7 智慧財產衍生的專利權。例如音樂、創作等專利

8 除此之外有價值、能創造收益、具有市場性的東西

我要再三地強調這些資產是進行自己事業就能得到的。也就是說，自我的事業不是以收入爲中心，而是以資產爲中心而行動。

以收入爲中心的生命，以及以資產爲中心的生命，就是平凡的上班族和危險的創業家最大的不同。雖然看起來微不足道，請你記住，不同的生命重心，能讓你的生命故事完全不同。並且請用行動具體地去實踐。「運用我所擁有的優點，我該從事哪方面的事業呢？」希望你能用這樣的問題，隨時質問自己，並督促自己進行思考。

Think Note

思考小筆記

● 羅勃特 · T · 清崎說的「眞正的資產」中有我不認識的用語。我使用網路查出來的結果是：

1 債卷：＿＿＿＿＿＿＿＿＿＿

2 共同基金：＿＿＿＿＿＿＿＿＿＿

3 匯票：＿＿＿＿＿＿＿＿＿＿

● 瞭解資產和收入的差異非常重要。再次地整理資產和收入的意義是：

1 資產：＿＿＿＿＿＿＿＿＿＿

2 收入：＿＿＿＿＿＿＿＿＿＿

成為有錢人

當你遇到問題的時候，請用投資的眼光去看待，
這樣你就能擁有實務的知識累積與不同的體驗。

七年前我搬到加陽洞（漢城地區名稱）的這間公寓。當時這個地方還未開發，路上幾乎沒什麼車輛進出。但是現在社區左右兩側不但開通了道路，也發展成爲一個熱鬧的都會中心。周遭的地價跟著翻漲好幾倍。當時以低廉價格買下空地的人，因而賺進不少錢。那些看好這塊地未來的開發潛能因而投資買下土地的人是非常有先見之明的。

過去的千戶洞（漢城地區名稱），是屬於漢城外圍的衛星區域。而現在又變得如何呢？如今千戶洞已經變成都會中心之間的熱門地段。金浦也一樣，金浦位於離漢城市中心距離十分遙遠的地段，但在不久的將來，金浦即將轉變爲漢城的都市中心區域之一。天安（漢

城地名）雖然離漢城有一段距離，但高速鐵路開通後，將呈現一百八十度的大轉變。

看著都市發展逐漸膨脹的同時，我也開始思考投資方面的事情。當別人還沒想到的時候，領先別人一步擁有預見的能力是非常重要的。

此刻，到處依然充滿許許多多的機會。只看你有沒有能力去發現、有沒有意志力去捕捉機會而已。滿足於現況的人當然視而未見、也不會努力去抓住機會的。

目前，你最需要的是什麼呢？

一、養成任何事都以投資為中心去思考的習慣。

從現在開始，試著將每件事都和投資產生關連去做思考。這樣的話，目前的你，最應該做的投資是什麼呢？

你的時間、精力以及熱情應該投資在什麼地方上呢？爲了將來的成功，你應該將你的投資放在爲未來的準備上。因此，爲了成爲某領域中最具專業知識和力量的人，你需要努力讓自己成爲這樣的人。然而，這並不是要你放棄組織生活、或是立刻要你去做些什麼，而是試著在組織生活中，盡你最大的努力讓自己成爲擁有最高身價、市場爭相邀請的專家。

約翰．甘迺迪說過：

對他們而言，選擇做什麼事情並不重要。重要的是不管做任何事情都一定要全力以赴。就算是做一位下水道的清潔工人，也一定要成爲最專業、最優秀的下水道清潔工人。

盡全力去做每一件事情的心態的確非常重要。在這方面，請努力讓自己得到別人讚許「你是最棒的」的評價。這對於你自己的行銷也是非常重要的。因爲必須先讓別人得知你的才能和優點爲何，才會想要購買。而當想購買你的才能的人數增多，你的身價自然也就跟著提高。請盡你最大的努力創造出屬於你自己的品牌形象。你的能力與形象將是你最爲重要的個人寶貴資產。

二、養成儲蓄的習慣。

當你開始有固定的收入，例如零用錢，請用心認眞地開始存錢。當然有一些支出是必要的，但請盡可能避免只是爲了一時的滿足而花錢消費。就如同我們前面提過的，在購買之前請記得反問自己，這項物品是否有必要一定要立刻購買？

未來當你有工作、開始有固定收入的時候，也請養成固定儲蓄的習慣。儲蓄是你投資的基本資金。有了基本資金，才能持續爲你創造出將來可以帶來額外收入的資產。

未來，將有更多人從事股票方面的投資。而股票也會成爲你資產中非常重要的一部分。股市不僅代表經濟以及企業經營的好與壞，股票也如同一面鏡子，隨時據實反應著社會所有的狀況。

韓國最具代表性的企業三星電子，股價一度從十二萬韓圜升到十三萬元韓圜。自從公司成績表現亮眼，國家整體的信用提升後，吸引了大規模外資購買股權。近年來，三星電子的股價已經攀升至四十萬元韓圜以上。而當時投資三星電子的人也是獲利豐盛。

當要實際進行投資之前，你必須充分做好研究。一有空閒的時候，多閱讀股市方面的書籍，累積自己的相關知識。也可以經由報紙、雜誌吸收知識，或是參與金融課程的學習，當然還可以一邊訓練自己的英語實力，經常瀏覽華爾街日報、紐約時報、金融時報、財星雜誌、商業週刊等金融資訊相關網站。同時瞭解到全世界的脈動，以及發生在全球各地的大事。透過擴展知識的過程，進而增強你的知識實力。

前不久，我碰到一位很有意思的駕駛先生。我搭車的那天，因爲擔心塞車而延遲我預定演講的時間，所以顯得十分焦躁不安。駕駛先生看到我這副模樣，對我說：「先生你別著急。我很喜歡這份工作。我會準時將車子開到目的地，這就好像進行軍事作戰一樣，非常有挑戰呢！」這位駕駛先生將自己必須在有限時間裡順利將乘客送達目的地當作是一場遊戲。要選擇走這條路、還是那條路？萬一選擇那條路可能會遇到什麼狀況？這些問題早已在他腦袋裡盤旋、不斷打算著下一步棋該怎麼走。他將開計程車當作是玩一項遊戲的作戰，不斷地訓練自己的思考能力。

投資也等同於一個遊戲、或是一場戰爭。在各式各樣的投資當中，不動產投資的風險性最小、也是最不複雜的一種。預先購買具有開發潛能的土地就是替未來準備的一種投資。對於土地的投資，所需要的不僅是知識而已，還需要一點想像力。一位知名的不動產投資專家說：「當你有能力買下某處的某一塊土地時，就無條件地買下來吧！如果是一塊約六百至一百坪大小的土地的話，你就能過上一個高枕無憂的老年生活。如果這塊土地能成爲你度過老年的根據地，它也將成爲維持家庭經濟秩序的一股無形的力量。也許還能爲你帶來意外的財富呢。」

要想將遍及全世界的機會變成自己的機會的話，請將你的搜尋天線高高豎起，經常地反問自己：「我要如何投資？」「我要如何創造我自己的資產？」「要如何減少對薪水的依賴程度?」「要如何經營自己，才能成爲高薪一族?」當然，這些離目前的你還有一段距離。

既然如此，對現在的你而言，最佳的投資是什麼呢?你應該投入你的時間和精力，努力去累積傑出不凡的個人資產。

Think Note

思考小筆記

● 爲了得到「這方面，你是最棒的。」這樣的肯定，首先必須確實地累積自己的實力。就像商品的廣告一樣，我必須創造出屬於我自己的品牌。在我的名字前面加上 ________________（形容詞），這就是屬於我的個人特色。

● 未來我居住的房子，是我在年輕時撒下黃金種子所得到的果實。

我未來房子的設計圖

成為永久留名的真正富者

當你將你的財富分享給貧困的人們時，
全世界將永遠記住你的名字。

金錢是會流動的。一下子賺進大筆金錢的人，也有可能一下子就散盡所有財富。尤其在變化如此快速的時代，雖然有可能突然間賺了大錢，但也很有可能一瞬間讓你失去一切。

如果你想成爲知名而且被人們永記在心的有錢人的話，你必須再一次仔細閱讀本書第四章最開始對於眞正財富的說明。

如果將金錢比喻成硬體，那麼其他的東西就是軟體。電腦的硬體設備如果沒有好的軟體相助，是沒有辦法運作的。滿足消費者的生產活動，或是抓住難得的機會賺進金錢是正確的致富方法。有人靠行搶打劫來獲取金錢。也有人將別人辛苦付出的努力僞裝成是自己的，剽竊他人的成果。

在賺取金錢的時候，「如何去賺」比「賺多少」還要重要得多。

大家都知道用不當或違規的方法去賺取金錢是不對的行爲。而不正當的方法是無法永久維持富有的。維持名譽同時累積財富比我們想像中還要困難。你一定要記住，不論是從法律面或道德面看來，正正當當地累積財富是眞正成爲富翁的第一項條件。

因此，財富越多，就越必須自我調整控制。當你擁有更多的知識，你就必須付出更多的努力才行。

在我們周遭也有許多人是從父母那邊繼承了龐大的遺產，然後他們過沒多久就散盡所有的財產。就算累積再多的財富，如果無法秉持正當的原則，財富很快就會消失殆盡的。

這些人都有一個共同的特徵。他們之所以沒有守住錢財大半是因爲太過自滿驕傲，所以很快地就面臨失敗、破產。

因此，在我們努力累積財富的同時，也必須勤奮地充實能支持財富的道德、倫理與哲學等方面的涵養。並且，對於我們自己的心意以及靈魂也一刻不能放鬆。

叔本華（Arthur Schopenhauer）對錢的定義是：「錢就和海水一樣。你喝得越多，反而會覺得更加口渴。」

執著於金錢、財富的人，一旦嚐到了金錢帶來的好處，之後便會越想擁有更多的財富，因而在賺錢上投入更多的心力。

我們最後來談談如何使用你的財富。擁有自己財富，將財富捐助給社會，幫助更多需要幫助的人，這種成就感與滿足感絕非筆墨所能形容的。

比爾．蓋茲捐出二四〇億美元成立「比爾．蓋茲慈善基金會」。他設立的目標是爲了救助那些沒有能力接受醫療、小小年紀就必須面臨死亡的兒童。

匹茲堡鋼鐵大王安德魯．卡內基(Andrew Carnegie)。他捐出生前所有的財產建立公共圖書館，也就是現在美國公共圖書館的前身。他一共在一四一二個地方蓋了一六七九間圖書館。不僅如此，創立於一九一三年的卡內基英國財團還捐款建立了曼徹司特公共圖書館。這間圖書館後來成爲英國最大的圖書館。全世界所有音樂人士皆以能在紐約的卡內基音樂廳演出而倍感殊榮，卡內基音樂廳也是由卡內基捐款建立而成的。雖然他已經離開人世，但是他的慈善愛心以及捐贈行爲，卻永遠長存在人們心中。

請試著懷抱這樣偉大而美麗的夢想，捐出你的部分財富，用來幫助那些需要幫助的人。因爲有偉大的目標，你的生命也將變得更有意義且更加充實。

「努力地賺錢、善用每一分金錢。」請將這句話作爲你生命的座右銘。你將會永遠被記成是偉大的富者。而且，接受你恩惠的人也將更久遠地記住你的名字。

我希望你能願意將自己在年輕歲月裡，經由心血、汗水以及淚水累積而成的財富的一部分，用來幫助和你共同居住在這片土地上的其他人。衷心希望你將來能成爲擁有這樣非凡胸襟的眞正的富者。

謹以此書獻給那些撒下黃金種子的年輕朋友們。

Think Note 思考小筆記

● 我對金錢的座右銘是：________________。

● 等我以後賺了大錢，我要像卡內基一樣爲社會貢獻心力，從事慈善活動或祈福活動。

1 時間：

____

2 慈善活動：

____

3 祈福活動：

____

關鍵想法

成為永久留名的真正有錢人吧！

閱讀以下十項主導世界的變化趨勢（trend）。並請不斷地反問自己：在如此多變的變化風暴中，我是否能隨時更新我的狀態？我是否能做出最明智的選擇，並對我的決定負責？

我們應該成爲自由的人。因此，我們必須累積自己的財富。眞正的財富並不是現在握在你手中的貨幣而已，而是包含了肯定的、積極的生活態度、熱情和永不間斷的好奇心、健康與良好的習慣、信念和樂觀的態度、情感的穩定與成熟、耐力與韌性、戰勝困難的勇氣與意志力、和諧的人際關係、熱情的心以及分享的善意、解讀市場的能力、專業的知識技能、人脈網絡、個人品牌、能爲你犧牲奉獻的家人等等，這些全都是你的財富。

要超越時代，踏上你致富的第一步驟就是勤儉地儲蓄。並且從事能獲取高薪的工作。不過光是靠薪水是無法成爲有錢人的。爲此，你必須學習如何去運用及管理金錢。

這些知識是任何人都無法教你的，但你必須儘早充分去學習與瞭解的。如此一來，你才能成爲更加充滿自信的有錢人。

任何人在從事讓自己感到熱情和喜悅的事情，確實都能做得比較好，而金錢也跟著會滾滾而來。所以，要努力找出自己的才能，花一段時間，從你才能之中找出最適合你的職業。要想完成人生中完美的傑作，你確實需要很長的一段時間。不肯付出時間的人，最終將會是徒勞無功、毫無成就的。

—博多・雪佛（Bodo Schafer）

國家圖書館出版品預行編目資料

撒下黃金的種子／孔炳浩著；黃蘭琇譯.－－
初版.－－臺北市：大塊文化，2005【民94】
面；　公分.－－(Smile；59)
譯自：Self-Management Guide
for the Young Generation

ISBN 986-7291-27-1(平裝)

1. 生活指導 2. 成功法 3. 青少年

192.13　　　94004401

| 105 | 台北市南京東路四段25號11樓

廣　告　回　信
台灣北區郵政管理局登記證
北台字第10227號

大塊文化出版股份有限公司　收

地址：□□□ ＿＿＿＿＿市／縣＿＿＿＿＿鄉／鎮／市／區

＿＿＿＿＿路／街＿＿＿段＿＿＿巷＿＿＿弄＿＿＿號＿＿＿樓

姓名：

請沿虛線撕下後對折裝訂寄回，謝謝！

大塊 LOCUS 文化

編號：SM 059　書名：撒下黃金的種子

大塊文化 LOCUS 讀者回函卡

謝謝您購買這本書，為了加強對您的服務，請您詳細填寫本卡各欄，寄回大塊出版 (免附回郵) 即可不定期收到本公司最新的出版資訊。

姓名：______________　身分證字號：________________　性別：□男　□女

出生日期：______年______月______日　聯絡電話：______________________

住址：____

E-mail：____

學歷：1.□高中及高中以下　2.□專科與大學　3.□研究所以上

職業：1.□學生　2.□資訊業　3.□工　4.□商　5.□服務業　6.□軍警公教

7.□自由業及專業　8.□其他

您所購買的書名：____

從何處得知本書：1.□書店 2.□網路 3.□大塊電子報 4.□報紙廣告 5.□雜誌

6.□新聞報導 7.□他人推薦 8.□廣播節目 9.□其他

您以何種方式購書：1.逛書店購書 □連鎖書店 □一般書店　2.□網路購書

3.□郵局劃撥　4.□其他

您購買過我們那些書系：

1.□touch系列　2.□mark系列　3.□smile系列　4.□catch系列　5.□幾米系列

6.□from系列　7.□to系列　8.□home系列　9.□KODIKO系列　10.□ACG系列

11.□TONE系列　12.□R系列　13.□GI系列　14.□together系列　15.□其他

您對本書的評價：(請填代號　1.非常滿意　2.滿意　3.普通　4.不滿意　5.非常不滿意)

書名_______　內容_______　封面設計_______　版面編排_______　紙張質感_______

讀完本書後您覺得：

1.□非常喜歡　2.□喜歡　3.□普通　4.□不喜歡　5.□非常不喜歡

對我們的建議：____

____

____

LOCUS

LOCUS

LOCUS

LOCUS